Hasan Şafak

Der deutsche Michel

Teil II

Die Rache der Mutter

2022 Nürtingen

INHALT

VORWORT

Die Abwertung der Männlichkeit – wie erfolgt sie? Natürlich durch den Einfluss des Umfelds und den Umständen, in denen man sich befindet. In der heutigen Zeit wird die Abwertung der Männlichkeit nicht als Schmach empfunden, wie sie es in Vorzeiten war, sondern eher annehmlich und sogar vorausgesetzt; während die Ausprägung der Männlichkeit im Gesellschaftsbewusstsein als verächtlich begriffen wird, werden im Gegenteil abgeschwächte Formen der Männlichkeit begünstigt und als zeit- und moralkonform betrachtet. Der Opportunismus der Frauen im Allgemeinen, die Solidität der feministischen Wirkbarkeit und die Vergesellschaftung von Abnormitäten können nur solange belebt werden, wie auch die Männer unterdrückt sind. Der Sinneswandel erfolgt nur durch die Negation der Ursprungsregeln, das heißt in diesem Fall: Absetzung der natürlichen Ausprägungsgrenzen der Männlichkeit; anders ausgedrückt: Das Natürliche muss für das Unnatürliche Platz machen – nur so kann der Sinneswandel und die Gesellschaftsumwertung realisiert werden.

In Deutschland wird mittlerweile die Männlichkeit nicht nur durch die Frauen verachtet, sondern auch durch die depravierten Männer selbst. Der Satz „toxischer Maskulinismus" wird allzu häufig aus den Männermunden herausgehört; daran erkennt man bereits, dass die gegenwärtigen Weibsjungen sich in ihre missliche Lage eingelebt haben – kein Wunder, schließlich wurden sie auch von klein auf dazu abgerichtet, um buckelnd und nachgiebig zu sein.

Die Schwächsten haben aber immer einen beiläufigen Stand und diese degenerierten Männer sind auch ohne das Feministenwerk schwach gewesen. Die Entnazifizierung in Deutschland war konkret auf die Männer gerichtet, so hat man neben der ideologischen Austreibung gleichsam die Restmännlichkeit mit-ausgetrieben: Eines der größten Billigungsursachen der Gesellschaftsumwertung für die Feministen. Im Jahre 2022 kann man mit Gewissheit das Zeugnis ablegen, dass Deutschland ein Frauenland ist, das keinem anderen Land auf der Welt gleicht, indem die Frauen das Sagen haben und über ihre Männer einseitig bestimmen, sie verlassen, entrechten, betrügen, schlagen usw. können – und vorausgehend die deutschen und die in Deutschland lebenden Männer der Weiberwillkür hilflos ausgeliefert sind.

Schwache und pervertierte Männer werden niemals eine dauerhaft-friedliche Welt hervorrufen können – denn dies glauben alle Frauen, aber der Abfall der Mannesausprägung ist durch die dekadenten Umstände bedingt und demnach nur transitorisch – dies beweist uns die Geschichte; schwache Männer konnten sich nie lange auf dem Thron halten, spätestens durch die Blutlinie auswirkend; sie glauben, dass Frauen und Feminismus mit Frieden und Gerechtigkeit gleichzusetzen seien: Welch Fehlschlüsse! Wissen sie denn nicht, dass die Einigkeit und der Schutz eines Landes nur durch die Stärke bestehen kann? Wissen sie denn nicht, dass die Ermattung Einzelner die Ermattung der Gesamtheit ist? Staat und Gesellschaft sind nur der Überbau der Familie: Abgeschwächte Männer im Hause sind abgeschwächte Staats- und Gesellschaftsgefüge, denn das Konkretum projiziert sich auf das Ideale.

Doch die Schwäche wird auch für die Gelegenheit des Erstarkens sorgen: Der Drang zur Obrigkeit wird durch die Neigungen und Begierden entfacht, Ruhm- und Machtwille sind allen Menschen innewohnend. Schwache Männer sind immer ein gefundenes Fressen und Schwäche kann niemals obsiegen.

Die Frauen können nicht stärker werden als sie sind; sie werden die Mannesausprägung niemals erreichen können, selbst im Weiberbund nicht, dazu hat sie Gott und die Natur nicht bestimmt. Im Abgleich mit den Männern erfahren die Frauen ihren Stellungswert, ihre Naturanlagen und Fähigkeitsgrenzen – wie sonst könnten die Frauen die Ziele der Mannesabschwächung erwägen, schließlich brauchen sie ja Beweggründe für Feminismus und Emanzipation? Die Divergenz zwischen Mann und Frau führt letztendlich zum Klassenkampf und den antipodischen Idealen. Ein Zweck basiert immer auf reellen Begebenheiten. Die Frauen erkennen ihre existenzielle Benachteiligung durch sich selbst, das heißt durch ihre eigene Schwäche, und das Aufblicken zum Manne ist bereits hinlänglich, um die geschlechtliche Grundverschiedenheit wahrzunehmen.

Die Schwächung der Männer kann aber nicht dauerhaft erfolgen, denn zur Abschwächung bedarf es der mannigfaltigen Setzungen und Zweckideale; die Dominanz des Mannes ist dem Manne inhärent, also innewohnend, und wird früher oder später durch ihn selbst erweckt werden. Die sogenannten emanzipierten Frauen erschaffen nicht nur ihre phasischen Wohltäter, sondern auch zugleich ihre Totengräber: Die Gegenkräfte erwachen aus dem Schlaf und mit dem Auswirken des Feminismus wird auch ihr Ende eingeleitet sein.

Die Abschwächung der Männlichkeit, oder besser gesagt, die Indolenz der Männer und geistige Entwicklungshinderung der Jungen zur Mannwerdung, kann vielerlei Formen hervorrufen: Homosexualität, Diversität, Transsexualität oder auch „nur" die Verweiblichung. Ich entscheide mich in diesem Werk für die dritte Depravationsform, obwohl alle Formen der Entartung gleichsam übertragbar sein könnten, schließlich

ist die Ursache, nämlich das falsche Bewusstsein, wirkungsentscheidend.
Erkennt euch im Michel wieder, ihr schwächlichen und entarteten Sklaven des Weibergeschlechts.

Hasan Şafak

KINDHEIT

Morgens in der Küche.

MUTTER (rüge) Michel! Räum den Tisch ab, und bevor du losgehst, bringst du den Müll raus.

MICHEL Ja, Mama.

MAIKE Wartet, ich bin noch nicht fertig mit dem essen!

MUTTER Beeil dich, Maike. Nicht, dass ihr euch noch zur ersten Schulstunde verspätet.

MICHEL Ich bin fertig. Ich räume schon mal meine Sachen ab.

MUTTER Du sollst alles abräumen, Michel!

MICHEL Maike ist aber noch nicht fertig. (zu Maike) Nun mach schon, wir müssen los!

MUTTER Lass deine Schwester in Ruhe, Michel! Sie ist ja schon fertig.

Wie angeordnet räumt Michel den Frühstückstisch ab und bringt den Müll raus. Nach der Schule kommt Michel nachhause, er begibt sich in sein Zimmer, erledigt zunächst seine Hausaufgaben und anschließend beginnt er mit den täglichen Hausarbeiten, die durch die Mutter bestimmt sind. Michels Mutter kommt von der Arbeit und kontrolliert im Beisammensein Michels, ob die häuslichen Pflichten ihrem Wunsch entsprechend erledigt sind.

KINDHEIT

MUTTER Die Küche ist aufgeräumt, die Oberflächen sauber. Gut. Spülmaschine wurde ausgeräumt, das Wohnzimmer ist auch ordentlich. Die fertige Wäsche wurde gebügelt und obligatorisch eingeräumt. Sehr gut, Michel. Sind die Hausaufgaben fertig?

MICHEL Ja, die habe ich gemacht.

MUTTER Gut. Nun lass uns gemeinsam das Essen zubereiten. Deine Schwester müsste auch gleich hier sein. Hast du Lust auf selbstgemachte Pommes?

MICHEL Ich möchte lieber Nudeln essen.

MUTTER Nein, wir machen Pommes.

MICHEL Können wir nicht Pommes und Nudeln machen, Mama?

MUTTER Ich sagte nein, Michel! Wir machen eines, hier wird sich nichts extragewünscht! Hol die Kartoffeln aus dem Schrank, danach wirst du sie schälen.

MICHEL Ja, Mama...

Michel macht sich ans Werk und beginnt die Kartoffeln zu schälen. Indessen betritt seine Schwester das Haus.

MAIKE Hallo, ich bin da. Hallo, Mama.

MUTTER Hallo, Maike. Wie geht es meinem Schatz?

KINDHEIT

MAIKE   Ganz gut. Hast du mein Pony Malheft
gesehen? Gestern Abend lag sie noch im Wohnzimmer.

MUTTER   Ja, sieh mal in der Kommode im ersten
Fach nach. Dort habe ich sie gestern reingelegt.

MAIKE   Oh, danke. Ich bin dann mal in meinem
Zimmer. Heute male ich die Seiten 5 und 6.

MUTTER   Ach, wie schön. Wenn du fertig bist mit
den Seiten 5 und 6, kannst du sie mir ja zeigen.

MAIKE   Mache ich. Wo ist Michel?

MUTTER   In der Küche, Kartoffeln schälen.

MAIKE   Kartoffeln? Nudeln wäre mir lieber gewesen, Mama.

MUTTER   Nudeln machen wir dann morgen, versprochen.

Die Mutter sieht nach Michel.

MUTTER   Bist du fertig mit schälen?

MICHEL   Gleich.

MUTTER   Das Zuschneiden der Form werde ich
übernehmen. Wenn du fertig bist, dann entsorge die Schalen, sor-
tiere Schäler und Teller in die Spülmaschine ein.

MICHEL   Ja, Mama. Werde ich machen.

KINDHEIT

MUTTER   Danach deckst du den Tisch. 3 Teller nur, dein Vater kommt heute etwas später. Soll er sich dann selbstbedienen.

Nachdem Michel den Anordnungen der Mutter folgegeleistet hat, wird auch kurzdarauf das Essen serviert. Nachdem Essen muss Michel den Tisch abräumen. Danach muss er seinen täglichen Mittagsschlaf nehmen. Während dem Mittagschlaf Michels kommt der Vater nachhause.

VATER   Hallo, meine Mädels. Was macht ihr, fernsehen?

MAIKE   Hallo, Papa. Ja, wir schauen Fern.

MUTTER   Hallo, Bernd. Wie war die Arbeit?

VATER   Heute war eigentlich wenig los. Ich musste aber die Arbeit vom Vortag erledigen und bin deshalb etwas länger geblieben. Wo ist Michel?

MUTTER   Er macht seinen Mittagsschlaf.

VATER   Ich sehe mal nach ihm.

MUTTER   Nein, Bernd! Er soll schlafen!

VATER   Was ist los mit dir, Bertha? Ich sagte nur, dass ich nach ihm schauen will.

MUTTER   Lass ihn schlafen. Du kannst ihn später sehen. Doch nun macht er seinen Mittagsschlaf.

KINDHEIT

VATER   Ist ja gut. Dann sehe ich ihn eben später. Gibt es etwas zu essen?

MAIKE   Pommes!

VATER   Pommes? Lecker. Und was gibt's zum Pommes?

MUTTER   Ketchup oder Mayonnaise.

VATER   Was? Ist nicht dein ernst! Kein Fleisch oder andere Beilagen dazu?

MUTTER   Nein, Bernd. Wenn du mehr möchtest, so kannst du dir gerne etwas hinzukochen.

VATER   Jaja, das Übliche mal wieder… Ich mache mir schon selbst etwas.

MAIKE   Michel hat die Pommes gemacht!

MUTTER   Nein, mein Schatz – wir haben sie gemeinsam gemacht und nicht nur allein dein Bruder.

VATER (murmelnd)   Ja klar, gemeinsam! Knechtet sie wieder den Jungen…

MUTTER   Hast du etwas zu sagen, Bernd? Dann sprich lauter, sodass wir dich auch hören können!

VATER   Nichts, nichts… unwichtig.

MUTTER   Na dann ist ja alles gut. Gehst du bitte nachher Einkaufen?

VATER   Was wird benötigt?

KINDHEIT

MUTTER Die Einkaufsliste steht auf dem Tisch parat. Ich will mit den Kindern später Eis essen gehen, solange kannst du die Einkäufe erledigen.

VATER Das können wir doch gemeinsam machen, Bertha. Wieso getrennte Abläufe? Vielleicht will ich auch ein Eis essen.

MUTTER Ja, gut. Dann gehen wir eben gemeinsam raus. Vergiss nicht den Garten zu mähen, Bernd. Das muss bis morgen erledigt sein.

Nach wenigen Stunden macht sich die gesamte Familie auf den Weg ins Einkaufszentrum, worin sie zunächst die Eisdiele besuchen.

VATER Sollen wir drinnen essen oder das Eis mitnehmen?

MUTTER Lieber draußen. Es ist schönes Wetter.

VATER Vielleicht sollten wir uns erst einmal hinsetzen. Ich bin durch die Arbeit und dem Rasenmähen etwas erschöpft.

MUTTER Ich war auch arbeiten, Bernd. Das gute Wetter muss genossen werden. Wir essen draußen.

VATER Bertha, wenn wir fertig mit Eis essen sind und ich danach einkaufen gehe, kannst du ja immer noch mit den Kindern rausgehen. Ich bin momentan unerquicklich.

KINDHEIT

MUTTER   Bernd, was versteht du an einem
„Nein" nicht? Wir kaufen das Eis und gehen nach draußen – Ende.

Der Vater meidet die Streitigkeit und willigt ein, das Eis außerhalb des Ladens zu genießen. Anschließend geht der Vater einkaufen und die Mutter spaziert mit den Kindern nachhause. Zuhause angekommen bringt der Vater die Lebensmittel ins Haus und sortiert sie. Später treffen Mutter und Kinder zuhause ein.

MUTTER   Wir sind zurück.

VATER   Willkommen.

MUTTER   Hast du alles der Liste nach einge-
kauft?

VATER   Ja, das habe ich. Zusätzlich noch
Fleisch. Heute Abend können wir etwas brutzeln. Die Portion-Pommes war für meinen Geschmack nicht ausreichend genug.

MUTTER   Soso… „Nicht ausreichend genug"
also. Wenn du Extrawünsche hast, mein Lieber, so kannst du ja auch das Kochen und den Service übernehmen. Nicht wahr?

VATER   Mach du dir keine Sorgen, Bertha. Be-
dienen werde ich auch dich. (murmelnd) Immer diese abwegigen Sprüche…

MUTTER   Sprich lauter, Bernd! Du seufzt ständig vor dich hin, sag, falls es etwas zu sagen gibt.

KINDHEIT

VATER   Nichts... alles ist gut. Ich beginne dann
mal mit den Vorbereitungen.

**Während der Vater das Abendessen zubereitet sitzt die Mutter vor
dem Fernseher.**

MICHEL   Mama, darf ich auch Fernsehen gu-
cken?

MUTTER   Ja, Michel. Darfst du.

Die Nachrichten sind zu sehen.

MICHEL   Können wir bitte Zeichentrickfilme anschauen?

MUTTER   Nein, Michel! Ich sehe mir gerade die
Nachrichten an.

MICHEL (bedrückt)   Aber Mama, ich habe heute noch gar
kein Fernsehen geschaut. Jeder aus meiner Klasse schaut Pokémon
an. Bitte Mama, darf ich Pokémon angucken?

MUTTER   „Nein" heißt „Nein"! Was verstehst du
daran nicht? Les du lieber dein Harry Potter Buch.

MICHEL   Wieso dürfen meine Klassenkamera-
den immer anschauen, was sie möchten – und ich nicht? Ich will
auch Pokémon schauen.

KINDHEIT

MUTTER   Weil ich jetzt Nachrichten schaue, Michel. Ganz einfach.

Beleidigt und den Tränen nahe geht Michel in sein Zimmer. Nach einer kurzen Weile betritt seine Schwester das Wohnzimmer.

MAIKE   Hallo, Mami.

MUTTER   Hallo, Liebling. Na wie geht's dir?

MAIKE   Gut. Mami, können wir umschalten?

MUTTER   Umschalten? Was willst du denn sehen?

MAIKE   Kinderfilme.

MUTTER (sanftmütig)   Ja, von mir aus.

MAIKE   Mama, RTL2!

MUTTER   Ist gut. Hier, schau du dir deine Kinderfilme an. Ich sehe mal nach deinem Bruder.

Die Mutter geht in das Zimmer Michels und sieht ihn mit seinen Autos spielen.

MUTTER   Spielst du brav mit deinen Spielsachen?

KINDHEIT

MICHEL Ja...

MUTTER Schön. Deine Schwester guckt Kinderfilme, wenn du möchtest, kannst du mit ihr zusammen fernsehen.

MICHEL Wieso darf sie und ich nicht?

MUTTER Wer sagt, dass du nicht darfst? Ich sage dir ja jetzt gerade, dass du mit ihr fernsehen darfst.

MICHEL Immer, wenn Maike dich etwas fragt, sagst du „Ja", wenn ich aber frage, sagst du immer „Nein"!

MUTTER So ist das nicht, Michel. Das kommt dir nur so vor. Die Nachrichten waren nicht zu Ende. Nun geh und guck mit ihr, wenn du willst.

MICHEL Nein. Jetzt will ich nicht mehr.

MUTTER Musst du wissen, mein Lieber.

Die Mutter schließt die Zimmertür zu und begibt sich in die Küche.

MUTTER Wie weit bist du? Hast aber viele Töpfe nötig... Hoffe mal, dass du auch alles saubermachen wirst, lieber Bernd.

VATER Es soll ja auch schmecken. Ja, ich mache anschließend sauber; wann habe ich nicht hinterher saubergemacht?

MUTTER Brauchst du Hilfe beim Kochen?

KINDHEIT

VATER Nein, bin sogleich fertig. Was machen die Kinder?

MUTTER Ihnen geht's gut.

VATER Schön – aber was machen sie?

MUTTER Nichts Besonderes. Maike guckt TV und Michel ist in seinem Zimmer und spielt mit seinen Autos.

VATER Komisch… Michel verpasst sein Pokémon eigentlich nie… Es kommt doch um diese Zeit, oder etwa nicht?

MUTTER Ist nicht wichtig, Bernd. Und wenn er sie einmal verpasst, ist es auch nicht schlimm.

VATER Wir waren auch mal Kinder, Bertha, und wir hatten auch viel Spaß an unseren Lieblingssendungen.

MUTTER Mag sein.

VATER Sei ehrlich, Bertha. Hast du's ihm auf irgendeine Art und Weise verweigert?

MUTTER Und wenn! Unser Sohn soll anständig erzogen werden. Wenn er alles bekommt, was er will, dann wird er im Erwachsenenalter nur zum Sexisten und Proleten werden. Hin und wieder schaden eins, zwei Einschränkungen nicht.

VATER Deine willkürlichen Methoden sind kränkend, Bertha. Weißt du, das Problem ist nicht, dass du ihm etwas verweigerst, sondern dass du die Kinder ungleich behandelst. Michel darf nicht nach Belieben fernsehen, aber Maike schon. Glaubst du, dass diese ungleiche und ungerechte Behandlung ihn nicht prägen wird? Und was ist mit Maike: Verwöhnst du sie nicht zu sehr?

KINDHEIT

MUTTER Übertreib mal nicht, Bernd! Sinnloses Geschwätz! Lass mich nur machen. Solange mach du mal das Abendessen fertig.

VATER Wieder keine Antwort von dir… Lass dir gesagt sein, du tust dem Jungen – und auch Maike, mit deiner Willkürart keinen Gefallen. Sobald der Junge erwachsen geworden ist, wird er dich verstoßen. Ich sag's dir nur.

MUTTER Keineswegs. Eine gute Mutter-Kind-Bindung ist wichtig, und je mehr ich ihn fordere, desto eher wird er an mich gebunden sein. Das solltest du auch bedenken und umsetzen, lieber Bernd.

VATER Darüber sollten wir die Tage mal ausgiebig sprechen, Bertha. Deckst du den Tisch?

MUTTER Es gibt nichts, worüber man „ausgiebig sprechen" müsste. Ja, gut. Ich decke den Tisch.

Die Mutter deckt den Tisch und das Essen wird serviert. Alle sitzen am Tisch.

VATER Wartet noch einen Moment, damit das Essen abkühlt. Nicht, dass ihr euch die Zunge verbrennt.

MAIKE Oh, das sieht aber lecker aus!

MUTTER (laut) Ja, hat alles dein Papa gemacht!

VATER (irritiert) Weshalb die Betonung, Bertha?

MUTTER Nichts, kam dir nur so vor.

KINDHEIT

VATER   Sag schon. Ich kann's mir eh denken. Ist wahrscheinlich wieder eine deiner „Präventivmaßnahmen".

MUTTER   Exakt, Bernd. Gratuliere. Den Sinn dahinter hast du endlich verstanden. Männer können auch kochen.

VATER   Ja, das können sie – und ich habe es vorgemacht. Die Vorbildlichkeit ist auch genügend, du musst es den Kindern nicht eintrichtern.

MUTTER   Dem Zufall sollte man nichts überlassen.

MICHEL   Papa, haben wir Cola da?

MUTTER   Kein Cola! Cola ist verboten! (zu Bernd) Warum fragt Michel nach Cola, hast du ihm etwa welches gegeben?

VATER   Und wenn! Da ist nichts dabei, wenn er mal Cola trinkt. Umgebracht hat es keinen bisher.

MUTTER (erbost)   Was sagst du, Bernd? Du brichst mit meinen Hausregeln und widersetzt dich mir? Hast du den Verstand verloren, Bernd?

VATER (besonnen)   Du musst nicht schreien, Bertha. Wir reden später.

MUTTER   Nichts mit später! Wenn ich noch einmal höre, dass du...

VATER   Nicht vor den Kindern, Bertha!

MUTTER (brüllend)   Regeln sind Regeln! Ich will nicht, dass du die Entscheidungen für dich allein triffst, und unverschämter

KINDHEIT

Weise auch noch, indem du meine Autorität in diesem Haus untergräbst! Wenn ich eine Regel setze, dann wird sie eingehalten: Das gilt für dich und für die Kinder! Hast du mich verstanden, Bernd?

VATER   Unsinn, reg dich ab! Du bist nicht die Herrin im Hause. Wir besprechen alles gemeinsam und treffen auch die Entscheidungen gemeinsam, doch du übertreibst in vielerlei Hinsicht, gerade, wenn es um Kleinigkeiten geht. Was soll schon vom Cola-trinken passieren? Ich selbst trinke seit meiner Kindheit Cola – und siehe, ich lebe noch.

MUTTER   In erster Linie geht es nicht um die Cola, mein Lieber, sondern dass du mich hintergehst, und das vor den Kindern! Du bringst Zwist in unsere Reihen und das kann ich nicht durchgehen lassen. Sei wohlbedacht, Bernd. Wenn es mir zu viel wird, so nehme ich die Kinder und verschwinde! Die Zeiten der mächtigen Männer sind vorbei!

VATER   Es geht dir um die Cola und noch mehr um deinen Willen! Wegen Apfelsaft hättest du keinen Aufstand gemacht. Aber, ich schweige besser, sonst hört das nicht auf!

MUTTER   Ja, schweig! Das kannst du gut, nur allzu gut. Es geht ums Prinzip!

VATER   Es geht nie ums Prinzip, Bertha: Was irrelevant ist, wird auch als solches behandelt; alles, was Gegenstandswert hat, wird berechnet. Um 10€ streiten sich die Menschen und äußern das Argument des Prinzips als Selbstberechtigungszweck, doch dieselben würden sich niemals um 1 Cent streiten; und wenn doch einzig das Prinzip entscheidend wäre, so müssten beide Werte gleichbehandelt sein. Deine Gebote wurden nicht eingehalten, geradedeshalb verlierst du die Kontrolle. Beim Wort „Cola" bist du in Raserei verfallen. Weißt du was? Ich nehme meinen Teller und mein Fleischgericht und esse im Wohnzimmer. Genießt ihr euer Essen!

MUTTER Nicht im Wohnzimmer essen, Bernd! Ab in die Küche mit dir. Deine Weisheiten kannst du gleich mitnehmen.

VATER Ist gut.

Der Vater geht in die Küche und isst das Essen. Anschließend will er sich schlafen legen, doch die Mutter kommt ihm zuvor.

MUTTER Willst du etwa schon schlafen?

VATER Ja, darf ich?

MUTTER Wer soll all die Töpfe und Pfannen, die du aufgetischt hast, wegmachen? Die Küche gleicht dem Chaos.

VATER (genervt) Lass sie doch Michel wegmachen, schließlich ist er ja dein hauseigener Sklave! Das Kredenzen von mir, das Saubermachen von dir.

Auf diese Erwiderung tobt die Mutter, sie schreit und flucht, wie nie zuvor. Dem Vater bleibt nichts übrig, als in die Küche zu gehen und die Spuren vom Kochen zu beseitigen. Doch auch das Saubermachen seitens des Vaters beruhigt die Mutter nicht, sie echauffiert sich noch einige Zeit, ehe sie sich beruhigt. Michel ist währenddessen in seinem Zimmer, um die wütende Mutter zu meiden. Maike hingegen ist im Wohnzimmer und von den Geschehnissen

KINDHEIT

recht unberührt. Aus Verzweiflung geht der Vater aus dem Haus und ruft seinen Bruder an.

VATER   Hallo, Thomas.

ONKEL   Hallo, Bruderherz. Birgt dein Anruf einen bestimmten Anlass, oder ist es, weil du deinen Bruder vermisst hast?

VATER   Ich brauche jemanden zum Reden, Thomas…

ONKEL   Lass mich raten: Bertha.

VATER   So ist es.

ONKEL   Nichts Neues. Immer wenn du betrübt bist und mich anrufst, ist es dieselbe Ursache. Was ist diesmal passiert?

VATER   Sie verhält sich wieder einmal irrig. Heute hat sie mir gedroht, dass sie mich verlassen und die Kinder mitnehmen würde – das heutige Gebaren übersteigt alles, was bisher geschah.

ONKEL   Bei deinem Weibsbild kann ich mir gut vorstellen, dass die Drohung nicht bei blanken Worten bleiben werden.

VATER   Genau dies bedrückt mich. Muss ich mir ernsthafte Gedanken über diese Drohung machen?

KINDHEIT

ONKEL   Ganz ehrlich? Jetzt hat sie dich gegeißelt – obwohl du de facto schon immer gegeißelt warst, mein lieber Bruder.

VATER   Bitte, Thomas. Bleiben wir bei der Ernsthaftigkeit.

ONKEL   Wenn die Kinder nicht wären, so würde ich dir raten, dass du sie abschießen solltest, doch der Kinder willen kann ich dies nicht befürworten. Aber diese Furie ist nicht zu bändigen; du wusstest schon immer, wie sie gestimmt war – also musst du auch jetzt für deine Entscheidungen klarstehen. Du musst deine Entscheidungen bedacht treffen, schließlich geht es nicht nur um dich. Dass sie dir aber mit den Kindern droht, das ist inakzeptabel. Ich bin mir aber sicher, dass diese Drohung nicht erst- und letztmalig ausgesprochen wurde. Mach dich auf weitere Drohungen gefasst. Aber hoffen wir mal, dass sie nur blufft; wenn dies der Fall ist, so wird die Probe für die Ernsthaftigkeit ihrer Absichten schnell dargelegt, ich mein, wenn sie trotz der Drohungen bei dir bleibt, so fliegt das falsche Spiel schnell auf. Andernfalls...

VATER   Andernfalls?

ONKEL   Andernfalls hat sie bereits Zweifel um eure Ehe, ansonsten würde sie solch ein Ultimatum nicht zu Worte bringen können. Aus Gedanken werden Worte und Vorgedanken gezielte Worte.

VATER   Es muss die Wut sein, das hoffe ich zumindest. Die Intensität ihres Wutausbruches und die damit verbundene Unbeherrschtheit könnte ebenfalls für die unmäßigen Worte verantwortlich sein.

KINDHEIT

ONKEL Wie du meinst, Bernd. Hoffen wir, der Kinder zuliebe, dass du rechtbehältst. Wütige Menschen, die die Beherrschung verlieren und dadurch Ungewolltes sagen oder tun, sind meistens um die anschließende Wiedergutmachung bemüht, sobald die Wut eben abgefallen ist. Einfach mal abwarten. Wenn deine Frau sich in den nächsten Tagen für ihre wutbedingten Ausdrücke nicht entschuldigt, oder gar diese in Erwägung zieht, dann mutmaße ich, dass die Absicht zur Drohung bereits vorentschlossen war und sie nur die Gelegenheit ersehnt hat. Wie gesagt, keine voreiligen Schlüsse ziehen und abwarten; wir wollen uns nicht in den Möglichkeiten verirren – denn die Menschen gehen immer vom Schlimmsten aus und versuchen dem erdachten Ausmaß entgegenzuwirken, doch das Schlimmste trifft so gut wie nie ein und somit ist Selbstplage und Bemühung nur eine sinnbefreite Tätigkeit. Die Angst darf dich nicht beherrschen.

VATER Da hast du recht. Einfach abwarten... Wie geht es deiner Familie?

ONKEL Uns geht's ganz gut, danke.

VATER Kommt uns doch mal die Tage besuchen. Den Kindern würde es auch guttun.

ONKEL Du weißt ja, dass ich ungern in Berthas Nähe bin. Du kannst aber die Kinder übers Wochenende zu uns bringen. Nimm dir Zeit für dich und deine Frau, vielleicht lockert es die Stimmung, wenn ihr abwechslungsweise Mal nur für euch seid.

VATER Thomas, das ist eine vorzügliche Idee. Und es macht euch sicher nichts aus?

ONKEL Natürlich nicht. Wir sind eine Familie, mein Bruder. Also geh du mal ins Haus.

KINDHEIT

Entlastet, dank des Telefonats mit seinem Bruder, kehrt der Vater zurück nach Hause. Zuhause angekommen sieht der Vater nach seinen Kindern, macht sich daraufhin bettfertig und meidet den Kontakt zur Mutter. Die Mutter spricht ebenfalls nicht mit ihm. Am nächsten Morgen sitzen Kinder und Mutter am Frühstückstisch. Der Vater ist bereits aus dem Haus.

MAIKE   Mama, sprechen du und Papa nicht mehr miteinander?

MUTTER   Doch, mein Liebling, wir sprechen noch miteinander. Wie kommst du drauf?

MAIKE   Als Papa gestern in mein Zimmer kam, sagte er, dass er nicht mehr mit dir reden würde.

MUTTER (konfus)   Was, das hat er gesagt?

MAIKE   Ja.

MUTTER   Was noch?

MAIKE   Sonst nichts.

MUTTER   Sicher, dass dein Papa nicht mehr zu dir gesagt hat?

MAIKE   Ja, sicher.

MUTTER   (zu sich) Dir werde ich's zeigen, Bernd. Dass du die Kinder gegen mich aufstachelst, das wirst du bereuen! Sprach dein Vater gestern noch zur Schlafenszeit mit dir, Michel?

MICHEL   Ja, ganz kurz, aber über dich hat er nichts gesagt.

KINDHEIT

MUTTER Und du lügst mich auch nicht an? Wenn ja, wird es Konsequenzen für dich haben. Sei ehrlich.

MICHEL Ich bin ehrlich, Mama. Papa sagte, dass wir vielleicht am Wochenende bei Onkel Thomas schlafen könnten.

MAIKE Ja, mir hat er das auch gesagt.

MUTTER So ist das also… Hinter meinem Rücken Fäden ziehen, ohne mich nach meiner Meinung zu fragen… Der kann was erleben! (zu den Kindern) Beeilt euch mit dem essen.

MICHEL Werdet du und Papa euch jetzt öfter streiten?

MUTTER Das kommt ganz auf deinen Papa an, Michel. Dein Vater muss Respekt vor Frauen haben und kann nicht einfach machen, was er will. Außerdem ist es normal, dass sich Eltern streiten. Sie streiten sich und vertragen sich.

MICHEL Papa war aber meistens ruhig gestern. Du hast ihn angeschrien, hast du denn keinen Respekt vor Papa?

MUTTER Sieh mal einer an! – Hat er dich also bereits gegen mich aufgewiegelt. Jetzt hör mir gut zu, Michel: Kinder verstehen nicht, was zwischen den Eltern geschieht; dies werdet ihr erst verstehen, wenn ihr selbst erwachsen seid. Frauen dürfen ihre Männer anschreien aber Männer dürfen ihre Frauen nicht anschreien.

MICHEL Und warum dürfen nur Frauen Männer anschreien?

KINDHEIT

MUTTER   Weil es so ist. So jetzt reicht es mit den Fragen und dem Essensspiel. Auf geht's, Michel, räum den Tisch ab und danach geht's in die Schule mit euch.

MAIKE   Ich geh schon mal vor die Tür.

Die Mutter und Maike machen sich bereit zum Austritt. Michel eilt mit dem Abräumen und schließt sich den zweien an. Am Nachmittag, als der Vater von der Arbeit kommt, wartet die Mutter bereits auf ihn. Der Vater ist nicht nachträglich, demnach will er den Vorfall des gestrigen Abends vergessen machen, doch die Mutter ist anders gestimmt und auf Konfrontation aus.

VATER   Hallo.

MUTTER   Setz dich, Bernd. Wir müssen reden.

VATER (träge)   Gut... lass uns reden, Bertha.

MUTTER   Die Art und Weise, wie du dich gestern verhalten hast, gefällt mir nicht. Hast du dir Gedanken über die Ereignisse des Vorabends gemacht?

VATER   Nein, das habe ich nicht. Wieso müssen wir alles Nichtige aufarbeiten? Ich bin von der Arbeit gekommen und will meine Ruhe, stattdessen muss ich mir das Geplärre von dir anhören. Ich könnte auch nachtragend sein und es dir gleichmachen, doch ich verschone dich, damit sich Kleinigkeiten nicht vergrößern.

MUTTER   Ach, du willst nicht nachtragend sein? Hast du deshalb die Kinder gegen mich aufgehetzt?

KINDHEIT

VATER   Was meinst du genau?

MUTTER   Spiel nicht den Unwissenden, Bernd.
Die Kinder haben es mir heute Morgen erzählt. Sprich aus, was du
wirklich denkst!

VATER   Ich weiß von nichts. Dann sprich aus,
was du zu wissen glaubst.

MUTTER   Nun gut. Hast du der Maike gestern erzählt, dass wir nicht mehr miteinander sprechen würden?

VATER   Selbst, wenn es so wäre, dass wir nicht
mehr miteinander sprechen würden und ich ihr davon berichtet
hätte, ist es nichts, worauf du rumhacken musst. Sie hat mich gefragt, ob wir fortan nicht mehr miteinander sprechen würden und
ich antwortete ihr, dass das Streiten zwischen Eltern vorkommen
kann und dass wir um unser beider Beruhigung willen schweigen.
Maike ist ein Kind und sie versteht, was sie verstehen will. Ich habe
mich aber sinngemäß ausgedrückt.

MUTTER   Aha… Und was ist mit der Übernach-
tung bei deinem chauvinistischen Bruder? Wann wolltest du mir
dies erzählen, wobei, wolltest du es mir überhaupt erzählen?

VATER (überfordert)   Oh, Gott… Ich habe lediglich gesagt,
dass sie übers Wochenende bei Thomas schlafen könnten, dass es
also möglich sei.

MUTTER   Und der Anlass dafür?

VATER   Du bist der Anlass, wir beide sind der
Anlass – unsere Ehe und Familie. Ich wollte dich überraschen und
mit dir übers Wochenende wegfahren, damit sich die Stimmung etwas lockert.

KINDHEIT

MUTTER   Du verdirbst die Stimmung, Bernd, soviel ist gewiss. Aber schön, dass du an unsere Ehe denkst; jedoch bin ich nicht damit einverstanden, dass du hinter meinem Rücken Pläne schmiedest, erst recht nicht, wenn dein Bruder involviert ist. Er ist Gift für die Kinder.

VATER   Ein berechenbares Leben ist auf Dauer belastend. Eine Überraschung hat den Zweck, affektive Glücksmomente zu erzeugen. Jetzt ist es eh durch: Wie soll ich dich noch überraschen?

MUTTER   Ich will nicht, dass die Kinder durch deinen Bruder verderben. Wenn unsere Erziehung durch ihn missglückt, dann bist nur du daran schuld. Dein Bruder ist ein Manipulator und ehe man sich versieht, wächst ein Frauenfeind vor unseren Augen auf. Sprichst du mit deinem Bruder über die Verhältnisse in unserem Hause? Wenn dem so ist, dann wisse, dass ich dich verlassen werde.

VATER   Nein, ich spreche nicht mit Thomas, und auch mit niemand anderem über unser Familienleben. Es ging nur darum, dass wir beide mehr Zeit füreinander finden und auch die Kinder mal mit ihrer Cousine zeitverbringen. Die Familie besteht nicht nur aus uns vieren. Aber siehe, du drohst mir ein zweites Mal mit der Trennung, und das innerhalb von zwei Tagen. Sag mir, Bertha, hast du Zweifel an unserer Ehe, ist es das?

MUTTER   Schwachsinn! Schieb die Schuld nicht auf mich. Du verkehrst mit diesem unnützen Macho und das ist schon Frevel genug. Ich versuche nur alles Schlechte zu vermeiden, denn wenn die Belastung durch Außenstehende erst einmal festsitzt, so gibt es nichts mehr zu retten.

KINDHEIT

VATER   Ich bitte dich, nicht abwegig über Thomas zu sprechen. Er ist nicht hier und kann sich nicht verteidigen. Du hast ein schlechtes Bild von ihm. Ich vertraue ihm und das solltest du auch.

MUTTER   Niemals! Ein Frauenfeind und Menschenverächter ist er!

VATER   Thomas hat Frau und Kind. Wieso verlässt ihn seine Frau nicht, wenn er doch so abfällig ist, wie du ihn beschreibst?

MUTTER   Die Frau hat anscheinend kein Selbstwertgefühl und ist nicht emanzipiert-genug, oder hat einen Vaterkomplex. Weshalb sonst, sollte man denn an solch einem Mittelalter-Typ hängen?

VATER   Vielleicht, weil auch eine Familie der Rollenbilder bedarf? –

MUTTER (unterbricht)   Schweig, Bernd! Nicht in meinem Haus! Ich verbiete dir frauenfeindliche Ausdrücke!

VATER   Sei doch nicht ignorant, lass mich doch aussprechen...

MUTTER   Nein! Schweig jetzt. Die Kinder werden nicht bei ihm übernachten. Dies ist ein Sexismus-freies Haus und solange ich lebe, wird diese Regel eingehalten!

VATER   Du bist besessen von deiner Feminismus-Ideologie, Bertha. Überall da, wo es unangebracht ist, bringst du irgendwelche sinnfreie Floskeln. Ideale überschatten die Realität – und ehe man sich versieht, wird die Realität verneint. Und selbst

KINDHEIT

wenn es der Feminismus ist, ist Radikalismus immer zerstörerisch statt erbaulich.

MUTTER　　　　　　　　Radikal? Je radikaler der Feminismus, desto besser für die gesamte Menschheit.

VATER　　　　　　　　Es macht einfach keinen Sinn mit dir… Ich bin müde von der Arbeit, ich lege mich jetzt zum Schlafen hin.

MUTTER　　　　　　　　Schlaf du. Die Kinder bleiben übers Wochenende hier. Ende des Gesprächs, Bernd.

Die Tage vergehen, der Vater meidet wie üblich allmögliche Konfrontationen. Am Freitag meldet sich der Onkel beim Vater.

ONKEL　　　　　　　　Hallo, Bernd.

VATER　　　　　　　　Hallo, Thomas.

ONKEL　　　　　　　　Bringst du Michel und Maike vorbei oder soll ich sie abholen kommen?

VATER　　　　　　　　Daraus wird nichts.

ONKEL　　　　　　　　Wie bitte?

VATER　　　　　　　　Bertha ist dagegen.

ONKEL　　　　　　　　Ist nicht dein ernst! Bernd, wir haben etwas ausgemacht, halte dich daran.

KINDHEIT

VATER   Ich kann nicht. Bertha hat erneut mit dem Verlassen gedroht.

ONKEL   Jetzt sei mal ein Mann und buckle nicht immer vor deinem Weib. Hast du keinen Funken Würde in dir?

VATER   Dir fällt es leicht, dich frei ausdrücken zu können, für mich jedoch nicht. Ich kann nicht zulassen, dass sie mich verlässt. Die Kinder bleiben zuhause.

ONKEL   Bernd, was bist du nur für ein Weichei? Was bist du nur für ein Weibsjunge! Unser Vater würde sich für dich schämen, glaube mir. Ich habe einen Wohnwagen gemietet und wollte mit den Kindern an den See zum Campen. Wer bezahlt nun die Mietkosten? – Außerdem habe ich auch meiner Frau Astrid und der Laura versprochen, dass wir alle zusammen hinfahren werden.

VATER   Unser Vater ist tot und kann sich nicht mehr für irgendetwas schämen. Fahr du einfach mit deiner Familie zum See, die Kosten decken sich von selbst und du machst keine Verluste.

ONKEL   Ums Geld geht es mir nicht, das weißt du. Die Kinder sollen sich nahe fühlen, und das geht nur dadurch, indem sie mehr Zeit miteinander verbringen.

VATER   Ich stimme dir ja zu, doch verstehe mich, bitte.

ONKEL   Da gibt es nichts zu verstehen, hörst du mich? Du bist verweichlicht und schwächlich, hast nicht ein Fünkchen Mut, um es mit deinem Weibsbild aufzunehmen. Unglaublich sowas! Sei ein Mann und steh zu deinem Wort! Wenn du nicht mit deiner Frau redest, werde ich sie anrufen – das schwöre ich!

KINDHEIT

VATER (ängstlich)　　　　　Bloß nicht, Thomas. Das wird kein gutes Ende nehmen. Gut, ich werde es noch einmal mit ihr versuchen, und das, obwohl ich weiß, dass es alles nur noch schlimmer machen wird...

ONKEL　　　　　Dann soll es so sein. Wer nicht wagt, der nicht gewinnt. In einer Stunde werde ich sie anrufen, falls von dir nichts mehr kommen sollte.

Das Telefonat findet sein Ende und der Vater grübelt einen Moment über das nach, was er zu tun gedenke. Sich seiner dilemmatischen Lage bewusst, entscheidet er sich letztlich zur Überredungskunst über die Mutter.

VATER　　　　　Bertha, kann ich dich kurz sprechen?

MUTTER　　　　　Was gibt's?

VATER　　　　　Hast du heute zu tun?

MUTTER　　　　　Nein, nichts.

VATER　　　　　Sollen wir heute Abend ins Restaurant?

MUTTER　　　　　Ins Restaurant? Wäre gar nicht mal so schlecht. Wie kommst du drauf?

VATER　　　　　Ich liebe dich, Bertha, und ich will, dass es dir gut geht. Wir sollten mal wieder ausgehen und uns etwas gönnen.

MUTTER　　　　　Und die Kinder?

KINDHEIT

VATER　　　　　　　　Die können bei meiner Mutter übernachten.

MUTTER　　　　　　　　Wenn das so ist, dann geht es in Ordnung. Kommt sie die Kinder abholen?

VATER　　　　　　　　Ich dachte mir, dass ich sie hinfahre,
während du dich fertigmachst. So sparen wir Zeit.

MUTTER　　　　　　　　Ja, passt.

VATER　　　　　　　　Dann fang doch schon mal mit den
Vorbereitungen an, damit wir uns nicht verspäten.

Der Vater eilt in den Garten und ruft abrupt seine Mutter an.

VATER　　　　　　　　Hallo, Mutter. Wie geht es dir, ich
hoffe, ich störe nicht?

GROßMUTTER　　　　　　　　Oh, hallo, mein lieber Bernd. Freut
mich, dich zu hören. Mir geht's gut – und du störst nicht.

VATER　　　　　　　　Mutter, kann ich dich um einen Gefallen bitten?

GROßMUTTER　　　　　　　　Na klar, welchen?

VATER　　　　　　　　Ich will's kurzhalten: Ich und Thomas
haben ausgemacht, dass die Kinder über das Wochenende bei ihm
übernachten, jedoch ist Bertha dagegen. Also habe ich mir gedacht, dass ich der Bertha sage, dass die Kinder bei dir übernachten werden.

KINDHEIT

GROßMUTTER Bring doch die Kinder einfach zu mir. Es wäre mir eine Freude.

VATER Mutter, wir haben bereits alles so organisiert, dass Thomas die Kinder übernehmen muss. Bitte, falls Bertha anrufen sollte, sag ihr, dass die Kinder bei dir sind. Falls sie Fragen stellen sollte, wo sie sind oder dergleichen, sag einfach, dass sie schlafen.

GROßMUTTER Ich soll also für dich lügen, Bernd?

VATER Bitte, Mutter. Es dient einem guten Zweck und vertreibt mir Kummer und Sorgen. Meine Ehe könnte belastet werden, falls dies nicht so geschieht. Tu bitte, was ich dir sage, ja?

GROßMUTTER Möchtest du deine Sorgen mit mir teilen, vielleicht kann ich dir helfen?

VATER Danke, Mutter, aber es reicht, wenn du das sagst, was ich dir eben angeraten habe.

GROßMUTTER Also gut – aber nur unter einer Bedingung.

VATER Welche?

GROßMUTTER Die Kinder müssen nächste Woche bei mir übernachten.

VATER Ich kann's dir nicht versprechen. Mutter, es ist dringlich. Ich werde die Kinder gleich zu Thomas fahren.

GROßMUTTER Na dann kann ich dir auch nichts versprechen, mein Sohn.

KINDHEIT

<table>
<tr><td>VATER</td><td>Hör zu, ich kann dir nächste Woche nicht versprechen, jedoch spätestens in 2-3 Wochen. Abgemacht?</td></tr>
<tr><td>GROßMUTTER</td><td>Abgemacht. So verfahren wir. Und ich hoffe mal, dass du wenigstens deine Mutter nicht belügst.</td></tr>
<tr><td>VATER</td><td>Nein, Mutter. Gewiss nicht.</td></tr>
</table>

Der Vater legt den Hörer auf und trommelt die Kinder zusammen.

<table>
<tr><td>VATER</td><td>Michel, Maike – los, wir fahren zur Oma.</td></tr>
<tr><td>MICHEL</td><td>Zur Oma? Ich will aber nicht zu Oma, da ist es langweilig.</td></tr>
<tr><td>MAIKE (freudig)</td><td>Ja, Oma!</td></tr>
<tr><td>VATER</td><td>Michel, komm einfach und tu was ich dir sage.</td></tr>
<tr><td>MICHEL</td><td>Aber, Papa…</td></tr>
<tr><td>VATER</td><td>Nichts da! Los jetzt. (zur Mutter) Schatz, wir fahren dann los.</td></tr>
<tr><td>MUTTER</td><td>Hast du die Pyjamas eingepackt?</td></tr>
<tr><td>VATER</td><td>Müssen die mit?</td></tr>
<tr><td>MUTTER</td><td>Ja. Nimm die Pinke für Michel mit, die ist in seinem Schrank.</td></tr>
</table>

KINDHEIT

VATER   Ist gut. (zu den Kindern) Los jetzt, wir müssen los.

Im Auto.

VATER   Ich werde euch etwas sagen, doch ihr müsst mir versprechen, dass ihr der Mama nichts davon erzählen werdet. Verstanden?

MAIKE   Ok.

MICHEL   Ja.

VATER   Wir fahren nicht zur Oma, wir fahren zu Onkel Thomas. Ihr werdet an den See fahren und mit ihnen campen.

MICHEL (freudig)   Ja, super!

VATER   Ich sage es euch nochmal: Ihr dürft es eurer Mama auf keinen Fall erzählen.

Beim Onkel angekommen lässt der Vater die Kinder ab und fährt ohne Zeit zu verlieren wieder zurück nach Hause.

ONKEL   Ah, da ist ja mein Neffe und meine Nichte. Hallo, Michel, hallo, Maike.

TANTE   Willkommen, ihr zwei.

KINDHEIT

LAURA   Willkommen, Michel und Maike

MAIKE   Hallo, Onkel Thomas, hallo Astrid und
hallo Laura.

MICHEL   Hallo.

ONKEL   „Tante" Astrid. Verstanden?

MAIKE   Ja. Hallo, Tante Astrid.

TANTE   Kommt herein und macht es euch ge-
mütlich. Habt ihr beiden Hunger?

MICHEL   Nein, ich nicht. Danke.

MAIKE   Ich auch nicht. Wann fahren wir an den
See?

ONKEL   Gleich morgen früh.

MICHEL   Warum nicht heute schon, Onkel
Thomas?

ONKEL   Dafür ist es zu spät. In der Dunkelheit
werden wir uns nicht zurechtfinden. Aber morgen früh wird alles
reibungslos verlaufen. (zu Laura) Laura, geh mit ihnen auf dein Zimmer und spiel mit ihnen.

LAURA   Ja, Papa.

In Lauras Zimmer.

KINDHEIT

MAIKE Wow, schöne Teddys und schöne Poster!

LAURA Gefallen sie dir?

MAIKE Ja, sehr. Ich mag die Ponybilder.

LAURA Sieh mal, ich habe ein Pony-Puzzle. Sollen wir sie zusammensetzen?

MAIKE Ja, das wird Spaß machen.

Laura bringt das Puzzle und verteilt die Teile auf den Boden. Michel will mitmachen, doch Laura hat was dagegen.

LAURA Michel, was machst du da?

MICHEL Ich will die Puzzle zusammensetzen.

LAURA (lacht) Haha, ein Pony-Puzzle? Das ist was für Mädchen – bist du denn ein Mädchen?

MICHEL (betrübt) Nein.

LAURA Na also. Hier hast du ein paar Spielsachen, die haben meinem Papa gehört.

MICHEL Soll ich alleine spielen?

LAURA Einen Gameboy spielt man auch nur alleine.

MICHEL Gameboy?

KINDHEIT

LAURA   Hier, ich zeige es dir. Da hast du Spiele: Mario, Fußball, Kampfspiele usw. Hier, nimm am besten dieses Kampfspiel Street Fighter.

MICHEL   Wow. Danke.

Die Kinder sind vertieft am Spielen. Später wird zu Abend gegessen; auf Rufen geht Laura direkt zum Vater und unterhält sich allein mit ihm.

TANTE   Kinder, Essenszeit, kommt. Laura, kommt alle zum Essen.

ONKEL   Laura, hast du getan, was ich dir aufgetragen habe?

LAURA   Ja, Vater. Wie du sagtest, habe ich ihn Gameboy spielen lassen statt der Pony-Puzzle.

ONKEL   Sehr gut. Wie hat er reagiert?

LAURA   Hat sich nicht großartig beschwert, erst recht nicht, als er die Spiele sah. Papa, eine Frage an dich: Wieso dürfen Jungs nicht mit Pony-Puzzle spielen?

ONKEL   Auch Jungs dürfen mit Pony-Puzzle spielen, doch in diesem Fall, also Michels Fall, ist es ein wenig anders. Das erkläre ich dir ein andermal. Tu bitte, was ich dir auftrage, ja?

LAURA   Ja, Papa.

ONKEL   Mein braves Mädchen.

KINDHEIT

Am Esstisch.

MICHEL   Wow, Schnitzel mit Spätzle! Lecker!

TANTE   Magst du also Schnitzel mit Spätzle, ja?

MICHEL   Ja, sehr sogar. Ich habe das aber schon
lange nicht mehr gegessen.

TANTE   Wie sieht's mit dir aus, Maike: Magst
du auch Schnitzel mit Spätzle?

MAIKE   Ja, mag ich auch.

TANTE   Sehr schön. Bedient euch. Was möch-
tet ihr trinken?

LAURA   Also ich nehme Cola.

MICHEL (hastig)   Ich will auch Cola! Aber… wir dürfen
keinen Cola trinken…

ONKEL   Und warum nicht?

MICHEL   Meine Mama erlaubt es nicht.

LAURA   Also, ich darf immer Cola trinken.

ONKEL   Und hat dir deine Mama gesagt, weshalb du kein Cola trinken darfst?

MICHEL   Nein. Aber sie schimpft, wenn sie es
hört.

ONKEL   Hier darfst du Cola trinken, Michel.
Und auch andere Getränke, wenn du magst.

KINDHEIT

MICHEL Dann nehme ich bitte ein Glas Cola.

TANTE Du auch, Maike?

MAIKE Ja, bitte.

ONKEL In welcher Klasse seid ihr gerade?

MICHEL Ich bin in der 4.

MAIKE Und ich bin in der 2.

ONKEL Sehr gut. Freut ihr euch schon auf morgen?

MICHEL Ja.

MAIKE Ja. Onkel Thomas, hast du das Essen
gemacht?

ONKEL Nein, Maike. Tante Astrid hat das Essen gemacht.

MAIKE Bei uns macht Papa das Essen.

ONKEL Ach, ja? Und deine Mama, kocht sie
nichts für euch?

MAIKE Manchmal. Manchmal macht auch Michel das Essen.

ONKEL Stimmt das, Michel? Lässt dich deine
Mama das Essen machen?

MICHEL Ja, manchmal.

ONKEL Und was musst du noch für deine
Mama machen?

KINDHEIT

Noch ehe Michel antworten kann, unterbricht die Tante das Gespräch.

TANTE   Thomas, gehst du nicht zu weit?

ONKEL   Ja... Er soll noch auf die eine Frage antworten. Vertrau mir, Astrid. (zu Michel) Und Michel, was musst du noch machen außer Essen?

MAIKE (greift ein)   Putzen!

MICHEL   Ja, auch putzen.

ONKEL   Helft Maike auch mit?

MICHEL   Nein.

ONKEL   Aha, dacht ich's mir! Soweit sind wir schon und das Schlimmste steht noch bevor...

TANTE   Ist nicht schlimm, Michel. Dein Onkel Thomas putzt auch hin und wieder.

ONKEL   Die Betonung liegt auf „hin und wieder", also „wenn ich es möchte" – und mir wird nichts auferlegt. Das ist der elementare Unterschied. (zu Astrid) Wir reden später, lenk nicht ein.

TANTE   Verstanden, wir reden später.

ONKEL   Bei uns macht Tante Astrid das Essen – und das Putzen übernimmt auch sie. Laura hilft ihr oftmals dabei, nicht wahr Laura?

LAURA   Ja, ich helfe gerne meiner Mutter.

KINDHEIT

Der Esstisch wird von der Tante und Laura abgeräumt, Maike verweilt mit ihnen. Der Onkel und Michel setzen sich vor den Fernseher und unterhalten sich über gewöhnliche Dinge. Als die Schlafenszeit anbricht, regelt der Onkel die Zimmerordnung.

ONKEL So, meine Lieben. Wird Zeit zum Schlafen, wir haben morgen frühaufzustehen. (zu Laura) Maike soll bei dir im Zimmer schlafen. Und Michel schläft auf der Couch, richtet alles her.

LAURA Warum schläft Michel auf der Couch, Papa?

ONKEL (belehrend) Weil Michel ein schon ältergewordener Junge ist, und Jungs im Alter von Michel dürfen nicht mit Mädchen in einem Zimmer schlafen.

MICHEL Ich finde meinen Pyjama nicht.

TANTE In deiner Tasche war sie nicht, Michel. Hast du sie vielleicht vergessen?

MICHEL Ich habe sie eingepackt aber jetzt ist sie weg!

ONKEL Wahrscheinlich hast du sie im Auto vergessen. Tante Astrid wird dir etwas Passendes geben.

Laura und Maike gehen in ihr Zimmer, der Schlafplatz Michels wird hergerichtet. Onkel und Tante unterhalten sich vor dem Schlafen.

KINDHEIT

TANTE   Ich weiß nicht so recht, ob das, was du tust, rechtens ist.

ONKEL   Rede weiter, Astrid.

TANTE   Überleg doch mal, wir mischen uns in die Erziehung von Bernd und Bertha ein. Haben wir überhaupt ein Recht dazu?

ONKEL   Du hast recht, Astrid. Im Grunde haben wir kein Recht dazu, doch im Falle dieser Kinder herrscht der Irrsinn. Diese Bertha hat den Verstand verloren; wahnbegierig nach irgendwelchen Weltbildern, überall Feinde witternd, ihre Kinder bestrafend! Sie denkt nicht an die Konsequenzen ihrer abträglichen Erziehungsmethoden.

TANTE   Was sollen das für Konsequenzen sein?

ONKEL   Du hast es doch selbst gehört: Michel muss in diesem Alter kochen und putzen, und Maike wird sonderbehandelt. Was die Konsequenzen sein sollen, fragst du? – Ein Rollentausch. Michel wird verweiblicht, Maike wird vermännlicht. Es ist nicht zu übersehen. Ein Weib wie Bertha muss man erlebt haben! – Worte könnten sie nicht würdiger beschreiben.

TANTE   Vielleicht siehst nur du das so. Was könnte schon passieren, wenn dieser „Rollentausch" vollzogen wird?

ONKEL   Michel könnte schwul werden, oder zum Transgender und würde sein angeborenes Geschlecht ablehnen, sich umoperieren lassen, oder ganz und gar sich vom natürlichen Bild der Geschlechter entfernen und sich als Hirngespinst, wie es das sogenannte „dritte Geschlecht" ist, definieren.

KINDHEIT

TANTE Und du denkst wirklich, dass diese Ausmaße eintreffen könnten. Was macht dich so sicher?

ONKEL Guck dir doch die Normabweichungen an: Sie alle sind verweiblicht und schwach, gleichen nicht dem Manne, verschwestern sich mit den Feministen und bekämpfen das Patriarchat, lehnen alles, was männlich ist, ab – außer in der perversen Begierde, da wird das Männliche nicht abgelehnt. Und wenn sie nicht zum Schwulen, Transgender, drittes Geschlecht – also die Endung zur Abartigkeit, werden, so ist das Mindeste, was ein verweiblichter Junge werden kann, ein schwächlicher und kränklicher Weibsjunge. Sein Leben lang wird er geknechtet und wehrlos sein.

TANTE Und was ist mit dem Mädchen?

ONKEL Frauen sind instinktgetrieben und die Natur nimmt sich ihrer an. Ich habe dir diese Sachen aber schon vor Jahren erzählt, Astrid. Ich dachte, dass du über all dies Bescheid wüsstest?

TANTE Das weiß ich auch, schließlich wiederholst du es ja oft, dass Frauen emotionsgeladen usw. sind. – es ist ja auch eine Tatsache, denn was ich spüre und wirkend für das Verspürte Forderungen stelle, kann ich ja schlecht ableugnen.

ONKEL Sehr gut. Frauen haben die Instinktnatur, und selbst wenn sie kein Begriffsverständnis über diese innewohnenden Anlagen haben, so werden sie doch durch sie geleitet. Die Naturbestimmung der Frauen ist inhärent, somit auch nicht ablegbar. Empfindungen kann man nicht denken, somit entstehen sie affektiv und das Verständnis über sie erfolgt nach dem Empfinden, als Wertung sozusagen. Männer hingegen haben nicht dieselbe Emotionsnatur, die den Weibern innewohnt, demnach sind sie gefährdet, sobald sie die geschlechtstypische Erziehung nicht anlegen

KINDHEIT

können. Was glaubst du, warum die absolute Mehrheit der Transsexuellen aus Männern besteht? – Sie wollen die Eigenschaften der Frauen, sie wollen begehrt und geliebt, beschützt und hofiert werden. Die Instinkte einer Frau leiten sie und demnach hat sie nicht die Erziehung des Selbst nötig, im Gegensatz zum Mann, dessen selbstische Eigenheit gebildet werden muss: Die natürliche Ausprägung zwischen Mann und Frau ist durch unterschiedliche Grenzen geregelt; oder ist es nicht so, dass Männer prinzipiell körperlich-stärker als Frauen sind?

TANTE   Ja, das sind sie. Männer sind stärker als Frauen.

ONKEL   Was glaubst du, warum die Bertha aus dem Jungen ein verweichlichtes Wesen machen will?

TANTE   Damit er die Ausprägung der Männlichkeit nicht erreicht und schwach bleibt, um somit kontrollierbarer und gefügiger sein zu können.

ONKEL   Ganz genau.

TANTE   Was, wenn Bertha unsere Laura manipulieren würde, so wie du es mit Michel machst?

ONKEL   Ich sehe meine Methoden nicht als Manipulation, sondern als Berichtigung. Ich weiß, dass ich Michel nicht zu meinem Ebenbild heranziehen kann, denn es ist ja in seinen gegenwärtigen Verhältnissen faktisch unmöglich, dass ich ewig bei ihm sein kann. Umstandsbedingte Einflüsse sind spärlich und der partielle Einfluss kann nur schwer einverleibt werden. Die Manneserziehung muss von Anbeginn abgezielt werden – eine Tunte wird man nicht mehr bekehren können, genauso wie man eine verfaulte Frucht nicht mehr in die Ursprungsform setzen kann. Doch mein Bruder ist gleichfalls schwächlicher Natur und gerade deshalb ist das

KINDHEIT

Weibsbild die Herrin im Hause. Berthas Stärke resultiert durch Bernds Schwäche, doch umgekehrt, könnte Bernds Stärke nur die Schwäche Berthas hervorrufen – ohne dass dabei Berthas Wille, Fähigkeiten und Stand eine Rolle spielen würden. Bernd ist ein Weichei und das wird er auch bleiben, deshalb versuche ich dem Michel, auch wenn es nur Nuancen sind, eine andere – die richtige, Perspektive mitzugeben. Die häusliche Sitte wird den Kindern immer nur als einzige Wahrheit beigebracht, doch die häusliche Sitte gleicht nicht der gesellschaftlichen Regel; darin wird niemand auf das Anerzogene rücksichtnehmen, denn es ist erleuchtend, dass jede Hausregel abweichend ist. Ein schwacher Mann im Hause wird ein schwacher Mann in der Gesellschaft sein; eine autoritäre Frau im Hause wird eine schwache Frau in der Gesellschaft sein. – Und gerade deshalb ist es von höchster Wichtigkeit und Vorbeugung, dass den Kindern kein falsches Bewusstsein auferlegt wird.

Stell dir vor, wir würden Laura stark und autonom erziehen: Glaubst du, dass sie dieses Bewusstsein nicht in die Öffentlichkeit tragen würde? – Zuhause würde sie nichts fürchten müssen, doch würde das Gleiche auch für das öffentliche Leben Geltung haben? – Niemals! Frauen und Kinder sind schutzbedürftig und entsprechend müssen Kinder ermahnt und vorbereitet werden, um auch zu ihrem essenziellen Selbstschutz beizutragen. Die Realität müssen sie berücksichtigen, nicht die Ideale, die nur in ihren eigenen Köpfen festsitzen und für Außenstehende keinen Wert haben. Eine Feministin werde ich niemals ernstnehmen, denn ich weiß nur zu gut, dass ihre Worte sinnentleert sind und nur dazu dienen, dass ich meinen Willen aufgebe und ihrem Ideal entsprechende – wenn ich mich aber weigere ihr Ideal anzunehmen, so habe ich augenblicklich die Übermacht gegenüber ihr, da sie eben dem schwächeren Geschlecht angehört – das ist die Realität und ungeschminkte Wahrheit; die Schwachen haben nicht über die Starken zu urteilen, erst recht nicht über sie zu bestimmen. Du weißt ja selbst, dass jede Frau ihren

KINDHEIT

Schutzraum von selbst bildet, also was soll ich noch hinzufügen? Allein die Existenz des Emanzipationsbegriffs spricht doch schon Bände, oder dass es der Frauenparkplätze bedarf, sagt doch schon alles! – Die Interessen und Bedürfnisse sind die Verräter der Menschen. Die Wahrheit liegt doch vor aller Augen – man muss nur die Augen aufmachen, vor allem die Augen aufmachen und sehen wollen!

Und zurück zu deiner Frage: Was, wenn die krankhafte Bertha unsere Laura manipulieren würde? Das würde sie zweifelsfrei machen, und ehrlich gesagt, würde ich sie nicht einmal daran hindern.

TANTE (aufgesprungen)   Du würdest sie nicht daran hindern, deine Tochter zu indoktrinieren?

ONKEL   Nein, würde ich nicht.

TANTE   Das glaube ich dir nicht, niemals!

ONKEL   Glaube mir, meine Teuerste. Was könnte denn eine realitätsferne Feministin, egal ob es Bertha ist oder eine herkömmliche, oder von mir aus die Königin der Feministen Simone de Beauvoir, – was könnten sie der Laura auftragen? Blendwerke, Lügen, Wunschdenken, Utopien, Selbstleugnung, Irrlehren... Es ist leicht mit den Feministen fertigzuwerden. Das Problem hierbei ist nicht die Widerlegung der Grundthesen des Feminismus, sondern dass die Feministen ignorant und abweisend sind. Immer, wenn ich den Dialog mit den augenscheinlichsten Feministen gesucht habe, natürlich um sie zu widerlegen, haben sie bei dem ersten Satz „Und ich bin Antifeminist" bereits das Weite gesucht. Ich für meinen Teil würde mich daran ergötzen, meine Kontrahenten widerlegen zu können, doch die Feministen meiden jegliche Konfrontation, da sie ganz genau wissen, dass ihre sogenannten Wahrheiten nur durch die Kollektivlüge leben – aber stattdessen arbeiten sie mit Stigmata.

KINDHEIT

Gesetzt, eine Frau sagt hundertmal, dass Mann und Frau gleich-
seien, und dagegen sagt der Mann nur einmal, dass der Mann über-
legen ist und die Frau unterlegen – so wird die Frau, die hundertmal
die Floskel der Gleichheit betonte, augenblicklich einsehen, dass sie
mit ihren Blendwerken nicht punkten kann. Jede einzelne Frau auf
dieser Welt weiß, dass der Mann überlegener ist und gerade deshalb neigen auch viele Frauen zu Feminismus und Ressentiments.
Die Entschiedenheit zur Wahrheit bringt vielleicht Ablehnung und
Ausgrenzung, doch sie zerstört gleichsam alle Lügengebilde, somit
auch ganze Identitäten. Was will die Laura zu ihrem alten Herrn sagen, etwa „du bist ein Sexist" oder „du bist ein Incel" oder „du bist
sooo 1950"? Nur dumme Menschen arbeiten mit Stigmata, weil es
eben der Ausdruck der Unzulänglichkeit und Kleingeisterei ist, da es
immer einfacher ist, abzustempeln statt zu begründen. Und gerade
die, die Stereotype und Vorurteile kritisieren und bekämpfen, setzen durch ihre vorgefertigten Stigmata ihre eigenen, zweckdienli-
chen Vorurteile und Stereotype. Der Feminismus basiert nicht auf
reellen Seinsbestimmungen, sondern eben auf projektierten Lügen;
Lügen, die man mit dem bloßen Auge aufdecken kann. Der Feminismus ist ein belebter und gebilligter Widerspruch: Naturleugnend
und vernunftleugnend, steht auf dem Kopf statt auf den Füßen, begründet die Ursache mit der Wirkung statt umgekehrt.

TANTE   Und dennoch glaube ich dir nicht, dass
du dies zulassen würdest. Ich kenne dich zu gut, Thomas.

ONKEL   Womöglich hast du auch recht. Dieses
Mannsweib, das sich Bertha nennt, ist wahrlich entartet.

TANTE   Als wir die Couch für Michel herrichte-
ten, fragte Laura, warum Michel auf der Couch schlafen müsste, und
komischerweise hast du eine direkte Antwort darauf gehabt – als
wäre sie vorbedacht. Hast du Laura das sagen lassen?

KINDHEIT

ONKEL   Gut erkannt, meine liebe Astrid.

TANTE   Du benutzt sie für deine Zwecke. Und wie willst du dies rechtfertigen?

ONKEL   Mit Leichtigkeit: Laura ist Einzelkind, was aber, wenn sie es nicht wäre? Was, wenn sie eine ältere Schwester wäre, oder womöglich eine jüngere; hast du dir nie Gedanken darüber gemacht?

TANTE   Nicht wirklich. Ich ziehe die Fakten vor.

ONKEL   Bewundernswert. Doch ich denke über alle Ecken, zumindest soweit meine Denkkraft dies ermöglicht. Wenn es Faktum gewesen wäre, dass Laura weitere Geschwister hätte, dann hätten wir sie auch entsprechend unterrichtet, sodass auch sie bei der Geschlechtertrennung mitgewirkt hätte. Das muss sie auch, denn es sind in den meisten Fällen die älteren Schwestern, die die jüngeren Brüder sich gleichmachen – auch wenn keine Absicht dahintersteckt. Ältere Brüder haben dagegen mehr Verantwortung und lassen sich nicht auf Mädchenspiele ein, verfolgen auch andere Interessen. Während die ältesten Kinder sich an den Eltern orientieren, orientieren sich die jüngeren Kinder zwangsweise an ihren älteren Geschwistern.

TANTE   Nun gut. Und weiter, was hast du noch alles für die kommenden Tage geplant?

ONKEL   Wir werden keine Rollen spielen, Astrid. Wir werden ihm kein falsches Bild vorleben, sondern ihn nur unsere übliche Verständigung zeigen. Er wird schon sehen, dass die verfälschte Realität Berthas nicht die einzige Wahrheit ist. Mannigfaltigkeit dehnt die Werte und Unterschiede lassen sich immer aburteilen.

KINDHEIT

Währenddessen Vater und Mutter im Restaurant.

VATER   Ein schönes Restaurant, nicht wahr?

MUTTER   Ja, es ist schick. Wir sind lange nicht in Gesellschaft gewesen. Endlich machst du dich mal nützlich.

VATER   Bin ich dir denn unnütz im Alltag?

MUTTER   Ach, vergiss es. Lass uns den Abend nicht verderben.

VATER   Meine Mutter freute sich, als sie die Kinder zu Gesicht bekam. Sie ist alt und seit dem Dahinscheiden meines Vaters sehr einsam. Sie drängte dazu, dass die Kinder übers ganze Wochenende bei ihr bleiben sollten und ich konnte nicht nein sagen.

MUTTER   „Nein" zu sagen, ist ja auch nicht deine Spezialität, Bernd. Wir sollten die Kinder trotzdem morgen abholen.

VATER   Soll ich jetzt zu dir „Nein" sagen, würde das dich umstimmen?

MUTTER (herausfordernd) Versuchs doch mal.

VATER (typisch)   Schatz, wir sollten die Kinder bei ihr lassen, dadurch tun wir ihr einen Gefallen, und auch uns. Wir können ja morgen in aller Ruhe eine kleine Städtetour machen.

MUTTER (prätentiös) War klar, dass du nicht widersprechen kannst; ich habe auch nichts anderes erwartet von dir.

VATER   Im Gegensatz zu dir meide ich die Streitigkeit und bin nicht darauf aus, den Abend zu versauen. Diese

KINDHEIT

Sticheleien führen zu nichts, Bertha. Genieß das Essen und den Abend.

MUTTER	Ich hoffe, dass deine Mutter die Kinder nicht allzu sehr verwöhnt. Nicht, dass wir mit ihren altgedienten Werten konfrontiert werden und diese aus den Kindern austreiben müssen.

VATER	Meine Mutter ist eine rechtschaffene Frau. Keine Sorge, sie wird niemanden verderben.

MUTTER	Das werden wir sehen. Michel muss disziplinarisch erzogen werden. Wir wissen aber, dass Frauen eine Schwäche für ihre Söhne und Enkel haben und sie somit verderben. Es ist ja kein Wunder, schließlich erfolgt die fordernde Manneshaltung durch die Verwöhnung und Verleitung durch die Frauen selbst.

VATER	Dann sollte man vielleicht die Frauen für ihre Einwirkungen bestrafen statt der Söhne...

MUTTER	Unsinn! Die Güte der Frauen wird ausgenutzt, nur darum geht es. Was können die Frauen dafür?

VATER	Fürsorge und Selbstlosigkeit der Erzieher führen nicht nur zum Verderben, sondern auch zum Sicherheitsbefinden und zur gefestigten Bindung der Kinder. Nicht die Mutterschaft an sich ist das Hochgepriesene, sondern die Wirkungen. Die Taten der Mütter binden ihre Kinder an sie. Die Frauen üben die Selbstlosigkeit nicht nur aus der Willensentscheidung heraus, sondern eher instinktiv – dies ist im Tierreich nicht anders. Sollen wir nun allen Frauen sagen, oder sie dazu abrichten, dass sie nicht mehr instinktiv handeln sollen? – Dies ist doch gar nicht möglich.

MUTTER	Ich weiß nur eins und das ist, dass nur die richtige Erziehung die toxische Männlichkeit verhindern kann.

KINDHEIT

Wir sollten deiner Mutter sagen, dass sie Michel gleichfalls häusliche Pflichten auferlegen soll.

VATER Was dann? Welchen Unterschied würde meine Mutter zu dir haben? Sie ist seine Großmutter und sie ist einzigartig für ihn. Soll Michel an jeder Frau seine Mutter wiedererkennen?

MUTTER Ein schöner Gedanke. Er würde die Frauen lieben und achten. Wäre dies so verkehrt?

VATER Du bist seine Mutter und du verfügst aus naturrechtlichen Gründen über ihn – nicht aber fremde Menschen! Fremde Menschen sind zweckorientiert und können weder die Besonderheiten der Mutter noch des Vaters verkörpern. Außerdem wäre es irrsinnig, dass Michel in jeder Frau seine Mutter sieht, oder zumindest, wie er Frauen zu behandeln hat. Soll er immer unterwürfig sein? – Das ist es doch, wozu es führen wird.

MUTTER Ich weiß nicht, worauf du hinauswillst, Bernd. Aber ich werde offen mit dir reden und ich hoffe, dass du mich gänzlich verstehen wirst, und vor allem mit diesen Beschuldigungen und Belehrungen aufhörst. Die gehen mir schon lange auf die Nerven!

VATER „Offen reden", da bin ich mal gespannt.

MUTTER Du hast mich oft nach meiner Familie ausgefragt und ich sagte dir jedes Mal in kurzen Sätzen, dass ich eine unbeschwerte Kindheit hatte und dass mein Vater ein guter Vater gewesen sei. Mein Vater war ein guter Mann, doch er hatte schlechte Neigungen... Deshalb wirke ich zu sehr auf Michel ein, verstehst du mich jetzt?

KINDHEIT

VATER   Was für Neigungen waren das?

MUTTER   Spielsucht und Alkohol.

VATER   Oh, das wusste ich nicht... Hättest du es mir früher gesagt, Bertha, so hätte ich womöglich mit allem besser umgehen können.

MUTTER   Ich finde, dass meine Erziehungsmethode sinnvoll ist, Bernd. Und wenn man selbst an etwas fest glaubt, dann reicht das Handeln.

VATER   Hat dein Vater euch geschlagen?

MUTTER   Meine Mutter und meine Brüder hat er oft geschlagen, mich aber nicht, und auch meine anderen Schwestern nicht. Wie gesagt, mein Vater hatte schlechte Gewohnheiten und meine Brüder haben es ihm nachgemacht. Sie wurden auch zu Spielsüchtigen und teilweise zu Trinkern; ich habe mir geschworen, dass ich meine Söhne, sofern ich welche haben werde, nicht dazu machen werde.

VATER   Bertha, ich verstehe dich nun besser. Danke, dass du es mir gesagt hast. Zukünftig werde ich mich nicht mehr in deine Methoden einmischen – ich werde dich sogar noch mehr unterstützen.

MUTTER (entladen)   Ich danke dir, Bernd. Du bist so herzlich und verständnisvoll – du bist mein größtes Glück!

Besänftigt und euphorisiert, verlassen Vater und Mutter das Lokal. Am nächsten Tag sind die Ausflügler am See angekommen.

KINDHEIT

ONKEL So, wir sind da. Zuerst werden wir uns einen gemütlichen Platz suchen, anschließend das Grillzeug und die Stühle aufsetzen. Michel, du hilfst mir beim Aufbau und die Mädels machen das Essen.

MICHEL Ja, Onkel.

Nachdem Essen begnügt sich die Gruppe im Camp-Lager. Die Zeit vergeht und alle sind überglücklich gestimmt. Der Onkel will in den Wald, um Feuerholz zu suchen.

ONKEL Wir brauchen Holz für das Lagerfeuer. Ich gehe am besten Feuerholz suchen.

LAURA Papa, kann ich mit dir mitgehen und dir helfen?

MICHEL Darf ich auch mit, Onkel Thomas?

ONKEL Michel, du bleibst hier und passt auf Tante Astrid und deine Schwester auf, ja?

MICHEL Ich möchte auch Holz sammeln, Onkel.

ONKEL Es wird demnächst dunkel und du musst auf deine Schwester aufpassen. Du bleibst hier.

TANTE Mit dir fühlen wir uns sicherer, Michel.

Der Onkel und Laura machen sich auf den Weg in den Wald.

KINDHEIT

ONKEL   Such du mittelgroße Äste, damit wir das Feuer anzünden können. Ich nehme die breiteren Äste, die länger brennen werden. Bleib vor meinen Augen, Laura.

LAURA   Ja, Papa.

ONKEL   Weißt du warum ich Michel bei deiner Mutter und Maike zurückgelassen habe?

LAURA   Damit er sie beschützt? Aber Mama braucht doch keinen Schutz, vor allem nicht von Michel – der ist doch viel schwächer als Mama.

ONKEL   Du hast recht, Laura. Ist deine Mutter stärker als ich es bin?

LAURA   Nein.

ONKEL   Ich bin stärker als deine Mutter. Sobald Michel ausgewachsen ist, wird er auch stärker als deine Mutter sein, und auch stärker als du und Maike. Ein erwachsener Mann kann eine Bedrohung sein und gleichzeitig ein Beschützer; Fakt ist, dass der Beschützer stark sein muss, denn die Bedrohung ist es immer! Wir müssen Michel von klein auf Verantwortung übertragen: Er muss die Schwächeren beschützen – und dazu zählen immer die Frauen. Es spielt keine Rolle, dass er im Moment schwächer als deine Mutter und womöglich sogar schwächer als du ist – als ausgereifter Mann wird der Unterschied zu euch allen gleichsein. Die Behandlung entscheidet, ob ein Junge zum Mann wird oder zur Schwachheit. Schwache Männer können sich nicht einmal selbst verteidigen und beschützen, wie also sollten sie andere beschützen können?

KINDHEIT

LAURA Es heißt doch aber nicht, dass Frauen rund um die Uhr beschützt werden müssen, ich mein, du hast Mama auch gerade schutzlos hinterlassen.

ONKEL Gut erkannt von dir, Laura. Zunächst einmal sind wir auf einem Campingplatz, wo auch andere zugegen sind, also wird die Gefahr, dass etwas passiert, minimal – wenn nicht sogar ganz und gar vermeidlich sein. Was ist aber, wenn etwas Unerwartetes geschieht? Was ist, wenn wir plötzlich mitten auf der Waldstrecke eine Autopanne hätten, wo niemand zugegen wäre? – Verstehst du was ich meine: Man kann das Leben nicht konzipieren und allmögliche Gefahren ausschließen, Laura. Im Notfall ist immer nur die Tüchtigkeit gefordert, und Männlichkeit muss Stärke und Mut einschließen. Der Mensch wächst mit seinen Aufgaben und die Männer müssen zum Beschützen fähig sein, damit sie ihrer Familie dienen können; dies müssen die Älteren umsetzen. Die Frauen werden niemals mit den Männern gleichstark sein und gerade deshalb werden die Frauen auch schutzbedürftig bleiben. Es gibt Menschen, besonders Männer, die schlechte Neigungen haben, und vor diesen sind alle Frauen in Gefahr, rund um die Uhr, daher haben ihre Angehörigen stark zu sein. Eine Frau in männlicher Begleitung wird immer sicherer sein, als wenn sie alleine unterwegs ist. Niemand spricht eine Frau an, die einen Mann zur Seite hat: Dies deutet darauf hin, dass sie vergeben ist, oder zumindest könnte der Begleiter Einwände haben. Frauen, die alleine unterwegs sind, sind eher die Beute fremder Männer.

LAURA Wenn aber die Männer immer stärker als die Frauen sind, heißt das dann auch, dass Männer Macht über die Frauen haben?

ONKEL Macht über Frauen haben die Männer immer, Laura. Die körperliche Stärke der Männer ist ausreichend,

KINDHEIT

um die Frauen überwältigen zu können. Wusstest du, dass männliche Serienkiller zu 90% zu Frauen bezogen sind, und das nur aufgrund ihrer körperlichen Überlegenheit? – Eine Frau wird weniger zur Gegenwehr befähigt sein als es ein Mann ist. Ich kann dich erziehen, wie ich möchte: Du wirst niemals so stark wie ein Mann sein! Ein falsches Bewusstsein wird dich im falschen Moment nicht retten können, Staat und Polizei sind im Ernstfall auch nicht zugegen, also was bleibt übrig? – Die Schwachen müssen von den Starken umgeben sein. Den Staat gibt es auch nur, damit er die Sicherheit gewährt; ansonsten würde die animalische Willkür herrschen und das Recht des Stärkeren wäre wie im Tierreich die einzige Geltungsursache. Wir dürfen über die Realität nicht schwindeln, dies kann zum Verhängnis führen.

LAURA   Soll ich irgendwas tun wegen Michel?

ONKEL   Nicht mehr nötig. Sei einfach du selbst. Wir dürfen nicht zu sehr prägsam sein. Seine Mutter würde es wittern.

LAURA   Was würde dann passieren?

ONKEL   Das kann man nicht so genau sagen. Bei der weiß man nie… Die Mutter von Michel und Maike lebt in ihrer eigenen Welt – einer gedanklichen und nicht der Realität entsprechenden. Egal, was wir auch in Bezug auf Michel und Maike tun wollten, letztlich ist die Hausgemeinschaft prägend. Ich übernehme nur für deine Mutter und dich Verantwortung, doch Familie besteht auch aus weiteren Mitgliedern. So ist es nun mal.

Das Wochenende neigt sich seinem Ende zu und die Gruppe bereitet sich auf den Rückweg vor. Der Onkel ruft den Vater an.

KINDHEIT

ONKEL Bernd, wir sind auf dem Rückweg. In ein paar Stunden kannst du die Kinder abholen.

VATER Gut. Gab es Schwierigkeiten?

ONKEL Nein, alles war bestens. Ich werde den Kindern auch noch mal sagen, dass sie unsere Unternehmung für sich behalten sollen. Hoffen wir, dass sie schweigsam sind…

VATER Ich werde auch auf sie einreden. Danke für alles, Thomas.

Auf der Rückfahrt die letzten Gespräche.

ONKEL Und Kinder, wie fandet ihr das Wochenende am See?

MICHEL Es war sehr schön, Onkel Thomas. Danke.

MAIKE Ja, es war sehr schön.

LAURA Ich fand es auch schön, vor allem mit euch, Michel und Maike. Wir können bald wieder etwas unternehmen. Wir gehen oft mit der Familie etwas unternehmen.

ONKEL Ja, Laura hat recht. Wir könnten bald wieder etwas machen… Vielleicht in ein Museum, oder ins Disneyland.

MAIKE Jaaaa, Disneyland!

KINDHEIT

MICHEL Ja, unbedingt! Mama und Papa können auch mit.

LAURA Magst du Mickey Mouse und Minnie
Mouse, Maike?

MAIKE Ja, ich bin Minnie Mouse.

MICHEL Ich mag Aladdin und Genie.

TANTE Ich mag auch am liebsten Minnie
Mouse. Super, dann werden wir das nächste Mal zum Disneyland
reisen.

ONKEL Abgemacht: Das nächste Mal dann
nach Disneyland. Da gibt es aber eine Bedingung, Kinder: Ihr dürft
eurer Mutter nichts davon erzählen, und auch nicht über das Wochenende am See. Einverstanden?

MICHEL Ja.

ONKEL Und du, Maike, abgemacht?

MAIKE Ja, abgemacht.

ONKEL Gut, dann versprechen wir euch: Das
nächste Mal fahren wir zum Disneyland. Vergesst aber nicht, wenn
ihr es eurer Mutter erzählt, dann fahren wir dort nicht hin.

**Zuhause angekommen wartet bereits der Vater. Und auch der Va-
ter versucht die Kinder zum Schweigen zu motivieren. Die Tage
und Wochen vergehen und alsbald meldet sich die Großmutter
beim Vater.**

KINDHEIT

GROßMUTTER   Hallo, Bernd. Ich rufe an wegen deinem Versprechen. Weißt du noch?

VATER   Hallo, Mutter. Natürlich... Könnten wir den Besuch auf nächste Woche verschieben?

GROßMUTTER   Du sagtest 2-3 Wochen und nun sind wir in der 5. Woche, Bernd. Ich erwarte die Kinder für dieses Wochenende.

VATER   Ich hatte es vergessen, nicht aber das Versprechen an dich. Gut, ich werde es meiner Frau mitteilen und anschließend bringe ich die Kinder zu dir.

Der Vater sucht die Mutter auf.

VATER   Du Bertha, meine Mutter hat angerufen und sie möchte, dass die Kinder übers Wochenende bei ihr übernachten.

MUTTER   Schon wieder? Die waren doch erst kürzlich bei ihr. Nicht, dass die Kinder sich zu sehr daran gewöhnen, wohlgebettet zu sein und anschließend immer nach der Oma schreien?

VATER   Das glaube ich nicht. Sie ist alt und einsam und die Kinder bereiten ihr eine Freude. Ich gehe sie auch nie besuchen. Wir tun ihr etwas Gutes und auch uns selbst. Würdest du nicht wollen, dass deine Enkelkinder dich besuchen?

KINDHEIT

MUTTER   Da hast du recht, Bernd. Bring sie
übers Wochenende zu ihr. Solch Gelegenheit zur Zweisamkeit bietet
sich uns nicht oft. Wird vorteilhaft sein.

**Der Vater verkündet den Kindern das Vorhaben. Und obwohl die
Kinder abgeneigt sind, lassen sie sich doch umreißen. Das Wochenende bei der Oma beginnt.**

MAIKE   Omaaaaa.

GROßMUTTER   Ah, mein Liebling ist da! Und auch der
Michel!

MICHEL   Hallo, Oma.

GROßMUTTER   Kommt herein. Komm du auch herein,
Bernd.

Im Hause.

GROßMUTTER   Danke, dass du die Kinder hergebracht
hast. Du kommst mich ja auch nur selten besuchen.

VATER   Arbeit und Familie sind anstrengend,
Mutter. Das wirst du sicherlich verstehen.

GROßMUTTER   Ja, so ist es wahrscheinlich. Zu unserer
Zeit waren das Zeitverbringen und die Priorität um die Familie – und

KINDHEIT

auch die Großeltern, eine Selbstverständlichkeit. Heutzutage muss man schon Termine festlegen…

VATER   Die Zeiten haben sich geändert, Mutter. Es geht mittlerweile allen so.

GROßMUTTER   Ach, ja? Euch will ich im Alter sehen, wenn eure Kinder das Gleiche zu euch sagen. Ihr werdet das schon noch selbsterfahren. Nun denn, erzähl mir, was der Anlass zu eurer Verschwiegenheit war. Warum habt ihr Geheimnisse vor Bertha?

VATER   Mutter, du weißt doch, wie Bertha sein kann. Sie ist starrköpfig und unberechenbar. Im Grunde ging es nicht um viel: Bertha mag Thomas nicht, Thomas mag Bertha nicht – und die Kinder leiden darunter. Naja, und Bertha ist natürlich übermäßig aversiv gestimmt, deshalb mussten wir den Besuch bei Thomas verschweigen.

GROßMUTTER   Ich verstehe, Bernd. Manche Menschen sind so, wie sie sind – und das muss man akzeptieren. Dein Vater war auch manchmal schwer zu ertragen und doch habe ich ihn über alles andere geliebt. Ein bewundernswerter und achtsamer Mann gewesen, dein Vater.

VATER   Ja, Mutter. Ich weiß, dass Vater ein stolzer und strenger Mann war; mehr streng als stolz, für meinen Geschmack.

GROßMUTTER   Der Krieg hat ihn geprägt, er konnte nichts dafür. Bleib doch zum Essen, ich habe Maultaschen gemacht.

VATER   Ich weiß, Mutter – ich weiß… Ich muss jetzt wieder los, gegessen habe ich schon. Am Sonntag hole ich die Kinder wieder ab.

KINDHEIT

Der Vater ist gegangen.

GROßMUTTER Kommt, Kinder, lasst uns essen.

MICHEL Ich habe kein Hunger.

MAIKE Was hast du gemacht, Oma?

GROßMUTTER Es gibt leckere Maultaschen und als Dessert Schwarzwälder Kirschtorte. Kommt an den Tisch.

MICHEL Ich möchte nicht.

GROßMUTTER Du musst essen, Michel. Essen darf man nicht verweigern, das ist unhöflich. Fühlt euch wie zuhause, dies ist nämlich euer Haus. Nun komm, Michel.

Alle am Esstisch. Michel will behänd auf das Essen zugreifen, doch die Großmutter hat etwas einzuwenden.

GROßMUTTER Michel, halt! Wir müssen erst das Tischgebet aufsagen, ehe wir zu essen anfangen.

MICHEL (verwundert) Warum? Ich möchte aber essen.

GROßMUTTER Das ist Tradition, mein Lieber. Zuerst das Gebet. Wir beten und danken Gott für das Mahl. Macht ihr das zuhause nicht?

MICHEL Nein.

KINDHEIT

GROßMUTTER   Oh, Herr... Nun gut... Verbindet die Arme so, wie ich es mache (die Gebetshaltung wird demonstriert). Wenn ich fertig bin, sagt ihr „Amen". Ok?

MICHEL   Ja.

MAIKE   Ok.

GROßMUTTER   Vater aller Gaben, alles, was wir haben, alle Frucht im weiten Land, ist Geschöpf in deiner Hand. Hilf, das nicht der Mund verzehret, ohne dass das Herz dich ehret, was uns deine Hand beschert. Amen.

MAIKE   Amen.

MICHEL   Amen.

GROßMUTTER   Nun beginnt.

MICHEL   Das schmeckt sehr gut, Oma.

GROßMUTTER   Es gibt genug, sättigt euch, meine lieben Kinder.

MICHEL   Oma, warum müssen wir vor dem essen beten? Bei uns daheim wird nie gebetet.

GROßMUTTER   Die Menschen haben Gott vergessen, mein lieber Enkelsohn. Wir beten, um zu danken, Gott, dem Allmächtigen.

MICHEL   Wer ist Gott?

GROßMUTTER   Gott ist der Schöpfer aller Menschen, aller Tiere, aller Lebewesen, der Welt und alles, was jemals in dieser Welt existiert hat und existieren wird.

KINDHEIT

MICHEL   Und wo ist er?

GROßMUTTER   Überall, aber am meisten im Himmel.

MAIKE   Der Himmel über den Wolken?

GROßMUTTER   Nein, Maike. Das ist viel zu nahe. Der Himmel ist für uns lebende Menschen nicht erreichbar; wenn wir gute und gläubige Menschen sind, dann werden wir nach dem Tod in den Himmel, zu Gott, finden. Euer Opa ist auch im Himmel.

MICHEL   Müssen wir da hin?

GROßMUTTER   Wir werden diese Welt verlassen, Michel. Haben dich deine Eltern gefragt, als sie dich auf die Welt gesetzt haben?

MICHEL   Hmm... Ich glaube nicht.

GROßMUTTER   Jeder Mensch kommt als Baby auf die Welt und kein Mensch entscheidet selbst, ob er auf die Welt kommen darf. Du bist ein Junge, Michel – die Menschen können nicht entscheiden, welchem Geschlecht sie angehören, oder ob sie gesund auf die Welt kommen, welche Hautfarbe sie haben, in welche Familie sie hineingeboren werden usw.; all dies muss jemand vorherbestimmt haben. Gott war das.

MICHEL   Wie sieht Gott aus?

GROßMUTTER   Das wissen wir nicht. Es ist uns nicht erlaubt, uns Gott zu verbildlichen.

MICHEL   Warum nicht?

GROßMUTTER   Diese Welt ist eine Prüfung, Michel. Wenn es ein Bild von Gott gebe – vor allem das Selbsterfahrene – so

KINDHEIT

wüssten wir, wie Gott aussieht, also würden wir auch zu 100% von seiner Existenz wissen; und wenn wir Gott sehen würden, so könnte es keine Prüfung geben. Aber, ob wir an ihn glauben, ist uns frei überlassen.

MICHEL Warum werden wir von Gott geprüft?

GROßMUTTER Gott ist der Schöpfer, das sagte ich bereits. Ein Schöpfer hat immer ein Recht auf das Erschaffene. Deine Eltern sagen dir, was du machen darfst und was du nicht machen darfst. Sie bestimmen über dich. Aber Gott hat uns alle erschaffen, deshalb steht er über allem und hat ein Recht auf alles in dieser Welt.

MAIKE Ist Gott auch größer als Papa?

GROßMUTTER Das ist er. Er hat alle erschaffen, auch deinen Papa.

MICHEL Und wer hat Gott erschaffen?

GROßMUTTER Wer hat diese Gabel, die du in der Hand hältst, erschaffen?

MICHEL Das weiß ich nicht.

GROßMUTTER Du weißt es nicht und doch benutzt du sie – ohne zu hinterfragen! Aber natürlich muss man solche Fragen stellen, schließlich geht es um die Existenzfrage. Wer Gott erschaffen hat, das ist für uns Menschen nicht wichtig: Er ist der unmittelbare Erschaffer. Wer ist für dich wichtiger, Michel: Dein Vater oder Ich?

MICHEL Mein Vater ist mir wichtiger.

KINDHEIT

GROßMUTTER   Aber ich habe ihn auf die Welt gebracht, wieso ist dein Vater dir wichtiger als ich? Das ist der Punkt: Der unmittelbare Bezug ist entscheidend. Ein Mensch muss nicht seinen Ur-Ur-Ur-Ur-Ur-Ur-Opa kennen, damit er wissen kann, dass seine Wurzeln bis in die Anfänge reichen – die Logik, dass alle Wirkungen eine Ursache haben und Zufälle keine Gesetzmäßigkeit erzeugen können, ist selbsterklärend.

MICHEL   Du sagtest aber, dass Gott uns erschaffen hat; jetzt sagst du, dass du Papa erschaffen hast?

GROßMUTTER   Sehr aufmerksam, Michel. Das finde ich gut. Gott ist der Urheber, das heißt, der Erschaffer aller Anfänge und Möglichkeiten. Wir sind nur ein kleiner Funken – das Große und Ganze ist für uns nicht ganz greifbar. Das sind schwierige Themen, Michel. Wenn du erwachsen bist, dann kann ich dir mehr erzählen.

MICHEL   Wo finde ich Gott, Oma?

GROßMUTTER   In dir, Michel. Er ist immer da, wenn du an ihn denkst. Danke ihm und bete zu ihm: Für dich und deine Familie. Ich habe für euch den Film König der Löwen bereitgestellt, kennt ihr den?

MICHEL   Ja, den haben wir schon gesehen.

GROßMUTTER   Wollt ihr ihn ein zweites Mal ansehen?

MAIKE   Ja, Simba!

GROßMUTTER   Aber zuerst essen wir noch den Kuchen.

KINDHEIT

Die dreien verbringen mehrere Stunden miteinander, bis die Schlafenszeit anbricht.

GROßMUTTER   Kommt, Kinder. Es ist Zeit zum Schlafengehen. Eure Betten warten schon auf euch.

MICHEL   Aber, Oma – Jungs dürfen nicht mit Mädchen in einem Zimmer schlafen.

GROßMUTTER   Wer sagt das?

MICHEL   Onkel Thomas. Er sagt das.

GROßMUTTER   Er hat das sicherlich anders gemeint. Wahrscheinlich wegen deiner Cousine Laura. Ihr seid Geschwister, Michel. Du und Maike könnt in einem Zimmer schlafen. Los ab ins Bett.

Michel holt seine pinke Pyjama aus seinem Rucksack. Die Großmutter blickt verwirrt.

GROßMUTTER   Maike hat ihren Schlafanzug an, wem gehört der, Michel?

MICHEL   Der ist meiner.

GROßMUTTER   Aber der ist doch pink? (zu sich) Bertha… Dahinter steckt die verwerfliche Absicht… Die heutigen Mütter wissen nicht, was sie ihren Kindern antun! (zu Michel) Michel, komm. Ich gebe dir etwas anderes zum Anziehen. Pink ist nur was für Mädchen.

KINDHEIT

Der Sonntag ist angebrochen und die Großmutter nimmt die Kinder mit zur Sonntagsmesse. Anschließend gehen sie an den Seepark und füttern die Enten. Zur Abenddämmerung trifft der Vater ein.

VATER   Mutter, ich bin da und will die Kinder mit nach Hause nehmen.

GROßMUTTER   Komm herein und iss etwas.

VATER   Nein, Mutter. Es ist schon spät und die Kinder müssen morgen früh zur Schule. Wie war das Wochenende?

GROßMUTTER   Das fragst du am besten die Kinder, Bernd. Sie sollten öfters vorbeikommen.

VATER   Daran werde ich denken, Mutter.

GROßMUTTER   Und, Bernd: Lass sie Gott nicht missen. Versäume dies nicht! Ich bitte dich.

VATER   Hast du auf sie eingeredet, Mutter?

GROßMUTTER   Ja, pflichtgemäß   das habe ich. Wir waren in der Sonntagsmesse, wie auch mit dir einst. Bringe ihnen den Glauben bei, Bernd.

VATER   Ist gut, Mutter – ist gut... (rufend) Kinder, wir gehen!

Auf der Rückfahrt stellt Michel vielerlei Fragen um den Glauben, doch der Vater weist ihn ab. Zuhause werden sie direkt ins Bett geschickt. Am nächsten Morgen beim Frühstücken.

KINDHEIT

MUTTER   Wie war euer Wochenende bei Oma?

MAIKE   Sehr schön, Mami. Wir hatten viel Spaß: Es gab leckere Maultaschen und wir waren im Park.

MUTTER   Das klingt doch gut. Was habt ihr noch gemacht?

MAIKE   Wir haben die Enten gefüttert.

MUTTER   Enten gefüttert? Das soll man nicht machen und außerdem ist es verboten, soviel ich weiß.

MAIKE   Oma sagte, dass sie auch als kleines Kind die Enten gefüttert hat, zusammen mit ihrer Mama.

MUTTER   Das war vielleicht früher normal, heutzutage macht man das nicht mehr.

MICHEL   Wir waren in der Kirche und haben Gott kennengelernt.

MUTTER   Psss... Gott – den braucht niemand.

MICHEL   Aber Oma sagt, dass er euch alle erschaffen hat.

MUTTER   Woher weißt du, dass Gott ein „Er" ist? Vielleicht ist Gott ja eine Frau?

MICHEL   Ist denn Gott eine Frau?

MUTTER   Ich glaube nicht an Gott, Michel. Das solltest du auch nicht tun. Diese Welt ist eine böse Welt und wenn es einen Gott gebe, wieso lässt er all das Leid geschehen? Das Frau-

KINDHEIT

engeschlecht hat immer gelitten, warum hat Gott ihnen nie geholfen? Vergiss das alles am besten, Michel. Wir haben uns und unsere Vernunft. Hör du lieber auf mich als auf deine alte Oma.

MICHEL   Gibt es hier bei uns auch Kirchen, Mama?

MUTTER   Ja, die gibt es... Wir gehen da aber nicht hin. Und nun iss fertig, danach räumst du den Tisch ab und bringst den Müll raus, verstanden?

MICHEL   Ja.

Seit dem Bekenntnis der Mutter über ihren Vater und den Brüdern, ist der Vater wie kaltgestellt; er leistet willenlos allen Anforderungen der Mutter Folge. Am Abend hat der Vater das Essen gemacht und die Familie sitzt am Esstisch.

MUTTER   Wir sollten deiner Mutter einen Riegel vorschieben, Bernd. Ich mein, wenn sie jetzt schon die Kinder mit Religion vollpumpt, wie sollen wir weiteres vermeiden? Zum Glück hat der Michel mir von ihrem Kirchenzwang erzählt, ansonsten würde sich hinter unserem Rücken noch mehr abspielen.

VATER   Zwang war es sicherlich nicht. Meine Mutter ist eben gläubig und sie schadet niemandem dadurch. Auch mit uns war sie nie wirklich streng, was den Glauben anging.

MUTTER   Trotzdem. Ich will nicht, dass die Kinder solches erfahren. Wir müssen sie feministischer erziehen. Du weißt, was in Epheser steht...

KINDHEIT

VATER   Ja, feministischer… Darin steht nicht nur, dass sich Frauen ihren Männern unterordnen, sondern auch, dass Männer ihre Frauen lieben sollen!

MUTTER   Nichts da mit „unterordnen"! Entenfüttern waren sie auch!

VATER   Na und?

MUTTER   „Na und"? – Hey, das ist verboten! Es schadet der Leber, diese armen Tiere können daran sterben, und auch die Fische können daran sterben. Das Wasser wird auch verdreckt, wenn sich das Schimmelbrot absetzt.

VATER   Interessant… Enten werden über die Jahrtausende gefüttert, und siehe – sie sind immer noch da, genauso wie die Fische und das Wasser. Schreibtischforscher erfinden solch einen Unsinn.

MUTTER   Das ist Wissenschaft! Das regelt man doch nicht ohne Grund! Ach, was weißt du schon.

VATER   Wohlstandsverwahrlosung, nichts anderes. Zu archaischen Zeiten gab es weder Technik noch Hilfsgüter; wie haben sie all die Zeiten überlebt, ohne die heutigen Regelungen? Wenn die Menschen keine Sorgen haben, so schaffen sie sich welche. Sie wollen das ganze Leben konzipieren und dabei lösen sie sich von allen Realitätsbestimmungen ab.

MICHEL   Oma sagt, dass Jungs keine pinken Sachen anziehen dürfen. Sie gab mir einen anderen Pyjama.

MUTTER (erbost)   (zum Vater blickend) Sie verdirbt diese Kinder! Unsere Erziehung – alles umsonst!

KINDHEIT

VATER Du kannst pinke Sachen anziehen, Michel, und deine Schwester kann blaue Sachen anziehen – all das spielt keine Rolle.

MICHEL Warum sagt Oma dann das zu mir?

Der Vater findet keine Antwort darauf.

MAIKE Papa, wann gehen wir ins Disneyland?

VATER (überrascht) Ganz bald, mein Schatz.

MUTTER Disneyland? Wie kommt sie auf Disneyland?

VATER Ich habe ihr mal gesagt, dass wir dahin fahren werden. (zu Maike) Nächsten Monat können wir gerne hinfahren.

MAIKE Jaaa, super! Kommt Laura auch mit?

VATER (panisch) Ich weiß nicht, Schatz. Sie hat bestimmt viel zu tun... (versucht das Thema zu wechseln) Michel, was macht ihr gerade in Mathematik?

MICHEL Kopfrechnen.

MAIKE Kommst du auch mit uns, Mama?

MUTTER Wohin, Maike?

MAIKE Disneyland!

KINDHEIT

MUTTER   Was hast du nur mit diesem Disneyland...

MAIKE   Onkel Thomas sagte...

Der Vater versucht Maikes aussprechen zu verhindern, indem er Interjektionen von sich gibt. Doch als die Mutter den Namen des Onkels hört, ist die Stimmung gekippt.

MUTTER   Der Name dieses Elendstypen, hier an meinem Tisch? Was hat er zur dir gesagt, Maike?

VATER (ängstlich)   Nichts, sie spricht nur wirres Zeug!

MUTTER   Sei du mal ruhig, Bernd! Unterbrich sie nicht mehr. (zu Maike) Was hat dein Onkel Thomas gesagt?

MAIKE   Onkel Thomas fährt uns zum Disney-land, wenn wir dir nicht sagen, dass wir am See waren. Kommst du mit uns mit?

MUTTER (rasend)   See? Wann ward ihr am See? (zu Michel) Michel, ich will, dass du mir alles erzählst. Wann ward ihr mit eurem Onkel am See?

Die Mutter gräbt tiefer, der Vater ist sprachlos und lässt alles passieren. Die Sekunden werden dem Vater zur Seelenplage. Michel schaut den Vater an und sucht sich Unterstützung, doch der Vater schaut auf den Boden. Michel ist gezwungen zu antworten.

KINDHEIT

MUTTER (brüllend)   Antworte mir, Michel! Wenn du mir nicht augenblicklich antwortest, dann wirst du dein blaues Wunder erleben! Sprich!

MICHEL   W… wir waren am See campen.

MUTTER   Wann, mit wem? Sprich endlich!

MICHEL   Letzten Monat. Papa sagte uns im Auto, dass wir nicht zu Oma fahren würden, sondern zu Onkel Thomas.

Die Mutter blickt zornig auf den Vater, dieser schaut weiterhin verängstigt auf den Boden.

MUTTER   Wer war alles da?

MICHEL   Tante Astrid, Laura und Onkel Thomas.

MUTTER   Letzten Monat also. (zu Bernd) Als du mir sagtest, dass du die Kinder zu deiner Mutter bringen wolltest?

VATER   Ja…

MUTTER   Wie kannst du nur! Du hast mich belogen, Bernd! Das wirst du bereuen!

In Rage schlägt die Mutter auf den Vater ein, dieser verdeckt sein Gesicht, ohne sich zu wehren. Nach weiteren Beleidigungen eilt die Mutter ins Schlafzimmer, holt einen Koffer, schmeißt es vor den

KINDHEIT

Vater und fordert ihn auf, das Haus zu verlassen. Vergeblich sind die weiteren Worte des Vaters.

VATER   Bertha, lass uns doch sprechen, bitte.

MUTTER   Raus mit dir, du Heuchler! Ich will dich
nie wieder sehen.

VATER   Bitte, bitte – lass uns doch erst einmal
sprechen, ich bitte dich, Bertha! Verzeih mir, ich habe einen Fehler
gemacht…

MUTTER   Raus, verschwinde!

Dem Vater bleibt nichts mehr übrig, als das Haus zu verlassen. Er packt seinen Koffer und geht ins Hotel. Er spricht mit niemandem über die Geschehnisse. Die Versuche zur Kontaktaufnahme mit der Mutter scheitern bereits in den Anfängen. Die Mutter hat mit dem Vater abgeschlossen und reicht schlussfertig die Scheidung ein. Alle Bemühungen seitens des Vaters sind vergeblich, so warten sie das Scheidungsjahr ab, ehe die Wege gänzlich getrennt sind. Vorher noch das Gespräch zwischen dem Vater und seiner Mutter.

VATER   Mutter, kann ich hereinkommen?

GROßMUTTER   Bernd, natürlich. Komm herein. Was
hast du für ein Stück Papier in der Hand, es ist doch nichts Schlimmes geschehen, oder?

KINDHEIT

VATER   Bertha… Sie hat die Scheidung einge-
reicht…

GROßMUTTER   Was? Ist das dein ernst?

VATER   Ja…

GROßMUTTER   Aber warum?

VATER   Erinnerst du dich noch daran, wie ich
dir sagte, dass falls sie dich nach den Kindern fragen sollte, du ihr
sagen solltest, dass sie bei dir wären, anstatt bei Thomas? – Diese
Lüge ist aufgeflogen. Maike hat es ausgeplappert…

GROßMUTTER   Ich verstehe nicht, Bernd: Das ist doch
nichts Schlimmes, es ist ihr Onkel; du hast sie doch nicht etwa betrogen oder geschlagen?

VATER   Weder, noch! Das ist der einzige
Grund.

GROßMUTTER   Das ist nicht zu fassen. Wegen solch einem niederen Grund lässt sie sich scheiden? Denkt sie nicht einmal
an die Kinder?

VATER   Ich weiß nicht, was ich machen soll. Ich
habe versucht mit ihr zu sprechen, doch alle Versuche sind vergeblich. Sie hasst Thomas, sie wollte nicht, dass ich die Kinder zu ihm
bringe. Ich wünschte, ich hätte mich nicht darauf eingelassen…
Thomas hat mich gedrängt, er sagte mir, dass er Bertha anrufen
werde, wenn ich die Kinder nicht vorbeibringen würde… Ich wollte
doch nur weitere Übel abwenden. Jetzt darf ich alles ausbaden.

GROßMUTTER   Das wird schon wieder, mein Sohn.
Mach dir keine Sorgen. Bertha will bestimmt nicht, dass ihre Kinder
ohne Vater großwerden – welche großmütige Mutter würde das

KINDHEIT

schon wollen? Ich werde mit ihr sprechen. Jetzt geh und nimm erst einmal eine Dusche.

VATER   Danke, Mutter. Sprich mit ihr, vielleicht hört sie auf dich...

Zunächst wartet die Großmutter ab, damit sie sich erst selbst beruhigen kann. Während der überdrüssige Vater ein Schläfchen macht, ruft sie die Mutter an.

GROẞMUTTER   Hallo, Bertha. Ich bin es, Erika, deine Schwiegermutter.

MUTTER   Ja?

GROẞMUTTER   Bertha, Bernd ist gerade bei mir und er ist am Boden. Willst du dich wirklich scheiden lassen?

MUTTER   Und wenn es so ist?

GROẞMUTTER   Bertha, er hat mir etwas von einer Lüge im Zusammenhang mit Thomas erzählt: Ist dies wahr oder gab es andere Gründe?

MUTTER   Das mit deinem Sohn ist vorbei. Du rufst umsonst an. Ich lasse mich nie wieder von ihm belügen. Schickt dieses Weichei nun seine Mami zu mir?

GROẞMUTTER   Nein, mein Kind. Ich rufe von mir aus an. Er weiß nicht, dass wir telefonieren. Bertha, ich bitte dich inständig, überdenke nochmal alles – der Kinder willen.

KINDHEIT

MUTTER Ich bin festentschlossen, und habe auch jetzt keine Zeit zum Telefonieren.

GROßMUTTER Bertha, hör auf den Rat einer alten Frau: Denk an deine Kinder, sie brauchen einen Vater! Du bist jung, dir kann es gleich sein, was mit meinem nichtsnutzigen Sohn geschieht, aber bedenke die Kinder! Du musst Bernd nicht sogleich vergeben, und auch nicht gleich zu ihm zurückkehren. Ich bitte dich, lass die Scheidung warten. Bernd wird auf Wiedergutmachung aus sein, schließlich hat er nichts getan, was nicht zu vergeben ist. Gott ist verzeihend, wir müssen es auch sein.

MUTTER Ich will nichts von deinem Gott wissen, alte Frau! Ich hatte die Trennung schon vorher im Sinn. Diese Lüge ist nur der letzte Tropfen gewesen, der das Fass zum Überlaufen brachte. Ja, ich wiederhole es: Ich war schon vorher mit deinem Sohn fertig. Ich war nicht glücklich mit ihm. Sag ihm das. Er soll meinen Entschluss akzeptieren. Außerdem bin ich eine starke Frau und nicht auf einen Mann angewiesen, kapiert? Meine Kinder wirst du nicht mehr manipulieren! Und Tschüss.

Die Mutter legt den Hörer auf, ohne dass die Großmutter weiter antworten kann. Die Großmutter ist in Trauer versetzt. Später, als der Vater aufwacht, tröstet die Großmutter ihren Sohn.

GROßMUTTER Bernd, mein Sohn. Ich habe mit deiner Frau gesprochen...

VATER (erwartungsvoll) Was hat sie dir gesagt?

KINDHEIT

GROßMUTTER Sie wollte dich schon eher verlassen, das mit Thomas ist nur ein Vorwand gewesen. Sie sagte, dass sie mit dir nicht glücklich war.

VATER (weint) Was habe ich all die Jahre nur falsch gemacht...

GROßMUTTER Sie ist das Problem, Bernd. Es liegt nicht in deiner Hand. Was geschieht jetzt mit den Kindern, oh allmächtiger Gott...

VATER Es muss einen Weg geben, um all die Misere verhindern zu können. Sie ist viel zu leichtfertig und lässt keine Kritik zu.

GROßMUTTER Du darfst nicht aufgeben, Bernd. Es ist die Mannespflicht zu kämpfen. Der Kinder willen musst du alles, was in deiner Macht steht, tun. Das hätte ich auch von deinem Vater erwartet.

VATER Mutter... Bertha ist anders, sie ist nicht wie du, und ich bin nicht so wie Vater... Bertha ist dickköpfig und eigensinnig; sie wird vehement trotzen, sobald ich ihre Entscheidungen mit Mängeln um die Zukunft in Verbindung bringe, als wäre es ein Ansporn für sie, mir und der Welt das Gegenteil beweisen zu können. Mir geht es gleichwohl um die Kinder, doch sie kennt die alten Sitten nicht, und glaubt, dass eine Vaterfigur keine Notwendigkeit wäre. Ein Mensch, der das Richtige kennt, wird auch entsprechend handeln und bedarf keiner Belehrungen. Sie fährt ihren Film, und das Beste ist, sie machen zu lassen – eigentlich, doch ehe die Lektionen des Lebens eintreffen, sind die Kinder bereits unumgänglich beeinträchtigt. Bertha ist unempfänglich, ich komme nicht an sie heran.

KINDHEIT

GROßMUTTER   Du musst kämpfen, fortan, bis die letzten Möglichkeiten ausgeschöpft sind!

VATER   Bertha ist des Kampfes nicht würdig, Mutter. Die Kinder benutzt sie als Trumpf gegen mich. Ich habe all die Jahre innerhalb der Ehe um sie gekämpft, für sie geschuftet, war nachgiebig und habe meine eigenen Interessen hintenangestellt. Was kann ich in dieser Situation noch machen? – 1000 Möglichkeiten des Kampfes und sie ist für keines zugänglich.

GROßMUTTER   Hatte sie denn einen triftigen Anlass für den Streit mit Thomas?

VATER   Sie necken sich bei jeder Begegnung; Unverträglichkeit der Weltbilder. Warum muss ich darunter leiden, das will ich nicht verstehen! Mutter, was kann ich dir schon erzählen im Moment – es sind die falschen Ohren, die meine Klage vernehmen würden...

GROßMUTTER   Vielleicht sollten wir deinen Bruder und Bertha zusammenkommen lassen, die Aussprache der beiden könnte konfliktlösend sein?

VATER   Das ist keine gute Idee. Mein Bruder wäre konform, doch Bertha kann man dies nicht zumuten. Ich befürchte, dass sie unbedachten Taten verfällt, nur um mir zu trotzen!

GROßMUTTER   Was könnte sie denn Gefährliches tun?

VATER   Sie könnte wegziehen und mir die Entfernung zur Last legen, oder die Kinder mir anfeinden. Ich weiß es nicht...

GROßMUTTER   Ich rate dir dennoch zum Kampf.

KINDHEIT

VATER   Ich kann's versuchen, dem Zweck willen; aber es wird nichts bringen. Sieh doch, wenn ihre Trennungsentschiedenheit auf Gewalt oder Ehebruch basieren würde, so hätte ich vollstes Verständnis, doch für sie ist bereits ihr „Glücksempfinden" grundgenug, um mich zu verlassen! Ihr eigenes Glück ist wichtiger als das Glück ihrer Kinder – diese Art der Selbstliebe ist nichts als egoistische Besessenheit. Früher war sie nicht so; sie war zwar immer auf diesem Feminismus-Trichter, doch meine empathische Haltung konnte sie weitgehend besänftigen. Erst als die Kinder auf die Welt kamen, begann sie mit der Autoritätsbestimmung. Ich musste nachgiebig sein, Mutter. Das Familiengericht wird mir die Kinder entreißen...

GROßMUTTER   Zu meiner Zeit haben die Frauen die Familie aufrechterhalten. Selbst wenn die Männer im Vordergrund standen und als die erbaulichen Darsteller galten, wusste doch jeder – auch die Männer selbst, dass die Willenskraft, das Pflichtgefühl und die Liebe der Mutter die Ursachen waren, die die Familie konsolidierten. Ich war 50 Jahre mit deinem Vater verheiratet, als er davonschied, und auch wir hatten es schwer an manchen Tagen; wir hatten nicht die Lebensfülle, die den Heutigen hinterhergeschmissen wird. Frauen konnten damals als Alleinerziehende keine Wohnung finden und Rente stand ihnen als Hausfrau auch nicht zu – und dennoch haben sie gekämpft und sind nicht geflohen. Wenn eine Frau arbeiten gehen wollte, so musste sie ihren Ehemann um eine schriftliche Arbeitsgenehmigung bitten – heute ist das alles Geschichte. Zu meiner Zeit sind viele Frauen auf die Straßen gegangen und haben um ihre Rechte gekämpft – die Jetzigen nutzen nur die Rechte, die die einstigen Akteure für sich selbst beansprucht hatten. Für die Heutigen sind diese Rechte eine Selbstverständlichkeit, obwohl sie es über die Jahrtausende nicht waren. Bernd, der Glaube ist wegweisend und die Familie ist grundgenug, um selbstlos zu han-

KINDHEIT

deln, über seine Eigenabsichten hinwegzuschauen – für die Gemeinschaft und die Familie. Heutzutage arbeiten die Frauen nicht mehr, um die Familie zu versorgen, sondern um Sinnenfreuden nachzugehen. Zu unserer Zeit war die Familie das höchste Gut und alle Tätigkeit hat sich nach ihrem Erhalt gerichtet; siehe, selbst in meinem Alter habe ich ein gutes Verhältnis zu meinen Kindern: Dies sind die Früchte meiner und deines Vaters jahrelangen harten Arbeit. Die Frauen glauben, dass ihnen durch die Männer Lasten auferlegt werden, doch sie bedenken nicht, dass die Mutterschaft nicht nur eine Rolle ist, die ausschließlich zum Wohlbetten anderer dient, sondern auch für die Mütter als Verdienst gilt: Wenn ich meine Eigeninteressen über deines und deines Bruders Wohl gestellt hätte, so glaube mir, wäre nicht nur die Familie entzweit, was natürlich für weitere schadenserzeugende Ursachen gesorgt hätte, sondern auch ich würde heute darunter leiden; wie? – Durch Vereinsamung!
Was man säet, wird man ernten, heißt es. Wenn Kinder erwachsen werden, so werden sie ihre lebensumfänglichen Missstände durch die elterlichen Taten abwiegen; und oftmals ist es so, dass die alleinerziehenden Frauen als bemitleidenswerte Opfer und fälschlicherweise gleichsam als stark dargestellt werden, doch, wenn man genauer hinsieht, vor allem in der heutigen Zeit, dann wird man schnell einsehen können, dass sie die Urheber des Problems sind. Wie kann eine Mutter die Familie entzweien, das kann ich nicht verstehen!

VATER   Früher war es die Abhängigkeit und heute haben sie alle Möglichkeiten zur Verfügung.

GROßMUTTER   Und nur, weil man alle Möglichkeiten vor die Füße gelegt bekommt, soll man sie auch nutzen? Alles, was langlebig ist, hat Qualität, und alles, was kurzlebig ist, ist nur blendend, sodass die Möglichkeiten keine Festigkeit erzeugen, im Gegenteil, die Möglichkeiten nur zur Quantitätsbestimmung werden.

KINDHEIT

Statt sich einer einzigen Familie zu widmen, versuchen die Abwegigen sich unzählige Familien aufzubauen; und sie werden niemals glücklich sein, solange sie sich in den Möglichkeiten verirren. Strebt der Mensch nicht nach Sicherheit? – Kann es denn Glück ohne Sicherheit geben? Betrachte die glänzen Laster: Sinnenberauschungen, schaden sie nicht dem Körper, muss man in ihnen nicht maßhalten? Möglichkeiten werden durch die Freiheit begründet, und dies ist auch verlockend, doch jede Möglichkeit ist mit der Ungewissheit verflochten. Deine Frau wird nicht ewig alleinerziehend sein, auch sie wird einen neuen Mann suchen, und sie wird immer das Beste aus eurer Ehe in diesen kommenden Männern suchen, doch wird sie nicht ersinnen können, dass die besten Werke eurer Ehe über die Jahre aufgebaut wurden; sie und solche hingegen, werden ihre Vergangenheit abgleichend zu kompensieren versuchen – aber, das Beste von Allem ist nicht möglich. Eine Frau mit Kindern ist einem Mann, der nicht der Vater der Kinder ist, immer eine Last; um der Frau willen muss der neue Mann Verpflichtungen zusagen – das ist eine hohe Bürde! Das Alleinerziehersein bringt vielleicht Freiheiten mit sich, doch diese Freiheiten sind nur im Geiste verankert, und die geistigen Freiheiten sind immer nur in der Einsamkeit belebt.

VATER   Bertha müsste diese Worte hören...

GROẞMUTTER   Bertha wird nun glauben, dass sie frei sei und dass ihr neue Möglichkeiten bevorstehen, doch letztlich wird sie einsehen, dass Enttäuschung über Enttäuschung sie überkommen wird; und sie wird immer lebensvorsichtiger sein, Menschen fürchten lernen, vertrauensgehemmt sein; und während sie um ihr Eigenwohl bemüht ist, wird sie die Kinder vernachlässigen.

VATER   Ich kann mir nicht vorstellen, wie es ist, wenn ich die Kinder nur an Wochenenden bei mir hätte; einer gekünstelten Bindung gleich, zumal meine Kinder nur meine Gäste wären...

KINDHEIT

GROßMUTTER   Männer haben immer mehr Freiheits-
möglichkeiten als Frauen, du kannst dich nach einer anderen Frau
umschauen, mein Sohn. Wenn Bertha die Trennung bezweckt, so
wird es zum endgültigen Bruch führen. Übernehme die väterliche
Pflicht und behandle deine Kinder gut.

VATER   Ich will dennoch nicht an alte Stereotype glauben. Für den Wandel muss man offen sein.

GROßMUTTER   Welcher Wandel, Bernd? Sieht man
immer nur das Positive, wenn man über den Wandel spricht? Wandel heißt, und das darf man nicht vergessen, dass man das Sichere
und Altbewährte aufgibt; und streben wir nicht stetig nach Sicherheit und Dauerhaftigkeit? Letztendlich wird der Wandel auch nur als
Alltäglichkeit begriffen und der Erneuerungsdrang im Menschen
wird auch den letzten Wandel zu überwinden versuchen; geht es
dabei nicht mehr um die Umschaltung des langweiligen Alltags, als
um das Neugesetzte? Die Menschen setzen die Ideale in den Vordergrund, vergessen aber dabei, dass der aufzuhebende Missstand
der Anlass zum Idealbedürfnis ist. Ein Ideal ist nur ein Regressus, das
die Realitätsbestimmung in sich einschließt und verdeckt. Mag sein,
die Momente sind übersättigend und erbitten die Überwindung des
Profanen, doch Unbescheidenheit führt zur Abschweifung. Die Tugend ist auf alle Zeiten als höchstes Gut verstanden – und das, aus
dem einfachen Grund, da eben die Neigungen lastergebärend sind
und der unveränderliche Mensch sich die Lust als Herren nimmt. Die
Lust aber ist eine Möglichkeitsverirrung und der Schmerz wird ihr
stetiger Begleiter sein. Was haben die Alten falsch gemacht, sodass
wir ihre Sitten hinterfragen? – Sind sie nicht unsere Vorgänger und
Erbverteiler? Ist denn alle Erhebung nur unser Eigenverdienst? Ma-
terielle Erfindungen muss man von den Sittenverhältnissen unterscheiden, doch die gewöhnlichen Geister kennen die Unterschei-
dung nicht – sie glauben, dass sich mit der Technik auch alles Wei-

KINDHEIT

tere verändern müsste, doch die Technik ist nur eine Funktionserweiterung der natürlichen Funktionsbegabung der Menschen! Technik erfindet nicht, Technik erweitert die Sinnenfähigkeit: Eine Brille lässt besser und weiter sehen, doch das Sehen und Wahrnehmen sind gleich; die Betten sind komfortabler, doch wird nur geschlafen; der Mensch fährt Auto und fliegt mit dem Flugzeug, und doch bewegt er sich nur; er telefoniert mit Gerätschaften, und doch kommuniziert er nur; ob er Pokert oder Murmeln wirft, ist ein und dasselbe: Vergnügung und Zeitvertreib. Das Wesentliche verändert sich nicht. Die Triebnatur und Grundbedürfnisse des Menschen verändern sich nicht. Was wäre das heutige Deutschland, das die Moralisten und naturwidrigen Perversen aufzulösen versuchen, ohne die Taten unserer Vorväter? – Waren nicht sie es, die Blut und Leben für das Vaterland geopfert haben? Wie also können wir alle Vergangenheitsbestimmungen umwerfen, wenn sie es doch waren, die das Schaffen ermöglichten und uns die Lebensgrundlage als Nationalvolk bescherten? Das Umwerfen ist immer leichter gemacht als das Aufbauen – allein dieser Unterschied ist werterklärend. Der Entfaltungsdrang muss gemäßigt sein, denn ein jeder Weg hat seine Grenze. Was ist mit den aktuellen Unannehmlichkeiten? Ich lese in der Zeitung oft von Kindern, die ihr Geschlecht ablehnen oder lasterhafte Neigungen haben. Was soll dieses „dritte Geschlecht" überhaupt sein?

VATER   Lange Geschichte. Es gibt Genderstudien, die Beweise für die Mehrzahl der Geschlechter geliefert haben. Für den Wandel muss man offen sein, Mutter. Wer nicht mit der Zeit geht, wird mit ihr gehen müssen, sagte Schiller.

GROSSMUTTER   Unsinn! Es gibt nur Mann und Frau, hast du jetzt auch den Verstand verloren! Bei dieser Denkart ist es auch kein Wunder, dass die Verderbtheit zur Alltäglichkeit geworden ist. 24/7 werden im Fernsehen und in der Öffentlichkeit nur

KINDHEIT

noch Abartigkeiten, die der Natur widerstreben, gezeigt – sie vergiften Kinder durch diese Irrlehren. Feminismus ist im Kerngedanken eine gute Sache, doch die Frauen haben die Kontrolle und das Bewusstsein über sich selbst verloren, stattdessen glauben sie, dass sie den Männern als Antagonisten entgegenstehen müssten. Sachbezogene Einigkeit sollte es sein, nicht Spaltung durch Träumereien. Das Träumen nimmt kein Ende, doch die Realität ist der körperliche Zerfall des Menschen, und dies nennt man schlichtweg Alterungsprozess. Jedes kleine Kind kann die Phantasie anwenden, aber nicht das ernstliche Denken: Sollen sich die Erwachsenen an diesem Unterschied messen! „Das Geschlecht selbst bestimmen" – wie dumm kann man nur sein! Die Naturgesetze zu leugnen, ist nichts als Dummheit; die Naturgesetze bestimmen das Sein, nicht der Geist – der Geist ist nichts ohne Körper. Wenn der Mann verdirbt, so geschieht nicht viel, denn der Mann schadet am meisten sich selbst; wenn aber die Frau verdirbt, so wird die Familie zerstört – und dies wirkt sich auf Staat und Gesellschaft aus, da eben die Familie die Basis der Gesellschaft und Urquelle des Kulturschaffens ist.

Friedrich Schiller ist ein durchdachter Mann gewesen, keine Frage, doch er und Goethe haben naturgebundene Freiheit postuliert – eine Freiheit, die von Naturwidrigkeiten befreit ist und alle Notwendigkeiten miteinbezieht: Der Mensch muss vom Naturzustand in den Vernunftzustand finden, anschließend wieder zum Naturzustand zurückfinden, schrieb Schiller. Aber es stimmt: Man muss mit der Zeit gehen, doch die Vernunft weist uns den Weg und zeigt auf, ob der Wandel durch die Vernunft selbst begründet ist oder eben nur durch die Neigungen und Sonderinteressen resultiert. Sieh dir alle Menschen an: Sie wollen die komfortable Veränderung in den Lebensumständen, doch in ihrer Persönlichkeit wollen sie keine Veränderungen – und genau dies ist auch der Rigorismus im Wandelwahn: Die materiellen Bedingungen sollen sich ändern, doch das Subjekt soll gleichbleibend sein. Das klingt einfacher, als es ist. Sit-

KINDHEIT

tenwandel bedeutet nicht nur, dass man die Gewohnheiten der Alltagspraxis ändert, sondern auch gleichzeitig das Bewusstsein darauf abstimmen muss – und sag mir Bernd, welcher Mensch will, dass man über sein Urteil und die Inhalte des Denkens bestimmt? – Genau dies ist der Widerspruch, der den Wandel letztendlich zum Zwangsinstrument macht. Der Sittenwandel darf nicht auf Naturwidrigkeit und Sexualität gebaut werden, denn die Triebe lenken diese Bestimmungen, nicht die Vernunft. Guck dir die Demokratie an: Alle bekennen sich zum Demokratierecht und dennoch akzeptieren sie die demokratische Entscheidung des Volkes nicht, wenn sie die Verlierer sind. Alle Lehren müssen von der Existenz ausgehen und nicht den Menschen in irgendwelche utopische, gottlose und selbstauflösende Systeme pressen.

VATER   Die Zeit hat sich geändert, Mutter. Gegen die Mehrheitsmeinung vorzugehen ist Selbstmord. Diversität ist heutzutage Normalität.

GROßMUTTER   Erst hat man sich vom Allmächtigen abgewendet und nun auch noch von der Vernunft... Das Ende ist nah.

VATER   Ich will dennoch optimistisch sein, Mutter. Vielleicht kommt sie wieder zurück und wir können so weitermachen, wie bisher.

GROßMUTTER   Hoffen wir aufs Beste, mein Sohn.

ADOLESZENZ

Die Jahre vergehen, die Trennung der Eltern ist beschlossene Sache. Die Kinder sieht der Vater nur an Wochenenden. Mit der Pubertät verändern sich auch die Bezugsweisen der Eltern. Michel zu Besuch bei seinem Vater.

VATER Hallo, Michel. Hast du etwas Bestimmtes im Sinn, das wir an diesem Wochenende tun könnten?

MICHEL Ich habe nichts Spezifisches im Sinn, Vater. Hast du eine Idee?

VATER Wir könnten ins Kino?

MICHEL Zu welchem Film?

VATER Der neue Fast & Furios läuft. Was hältst du davon?

MICHEL Um was geht's da in dem Film?

VATER Um Autos, Rennen und dergleichen.

MICHEL Ist nicht mein Fall. Ich mag lieber Phantasiefilme. Harry-Potter-gleich am besten.

VATER Ah, ok. Vielleicht gibt es im Programm noch etwas Ähnliches. Lassen wir das Gefühl entscheiden.

MICHEL Obwohl, mir fällt gerade ein, morgen gibt es eine Gayparade, sollen wir dahin, um die Lgbt-Community zu unterstützen?

VATER Möchtest du, dass wir dahin gehen?

ADOLESZENZ

MICHEL Unbedingt. Es ist ein sehr wichtiges Thema. Ich unterstütze auch die Trans-Lives-Matter Bewegung.

VATER Was genau macht diese Bewegung? Ich kenne nur die Black-Lives-Matter Bezeichnung.

MICHEL Ja, die BLM ist auch bekannt; es gibt sie auch in synthetisierter Form, nämlich die Black-Trans-Lives-Matter oder Black-Woman-Lives-Matter Ausrichtung. Diesmal ist es aber nur um die Transsexuellen besehen, die BLM ist mehr eine Staaten-Bewegung. Die TLM fördert Queer- und Transmenschen. Das sind Menschen, die in der Gesellschaft ausgegrenzt werden, und jeder hat das Recht auf Selbstbestimmung. Das ist ganz wichtig, da müssen wir hin!

VATER Also schön, Michel. Dann sind wir morgen auf der Kundgebung.

MICHEL Das ist keine Kundgebung, sondern ein Protest.

VATER Du wirst sicherlich mehr darüber wissen. Was ist mit deiner Schwester, wieso konnte sie dieses Wochenende nicht mit?

MICHEL Sie ist bei ihrem Freund.

VATER Welcher Freund?

MICHEL Sie hat einen neuen Freund. Tim heißt er.

VATER Was ist das für einer?

MICHEL Ich weiß es nicht. Mich interessiert nicht, was die Maike macht.

ADOLESZENZ

VATER Hmm, gut. Ich werde mal mit ihr darüber sprechen. Verstehst du dich mit deiner Mutter?

MICHEL Ja, es geht. Seitdem sie ihren neuen Typ hat, ist sie weniger an uns interessiert.

VATER Verstehst du dich mit ihm?

MICHEL Ja, er ist ganz in Ordnung. Manchmal mischt er sich in meine Angelegenheiten ein, als wäre er mein Vater oder so, doch dann wird er durch Mama bekräftigt und ich muss nachgiebig sein.

VATER Du musst nichts tun, was du nicht willst, Michel. Ich kann mich zwar nicht in eure Hausregel einmischen, doch wenn von ihm oder deiner Mutter aus Sachen passieren, die dir oder deiner Schwester unangenehm sind, dann könnt ihr jederzeit zu mir ziehen.

MICHEL Danke, Vater. Mutter würde dies nicht zulassen, das weißt du. Warum heiratest du nicht wieder?

VATER Das ist nicht so einfach, mein Sohn. Ich habe einige Frauen kennengelernt, doch sie waren mir unpassend.

MICHEL Wie? Worauf achtest du denn?

VATER Die heutigen Frauen zeigen sich zunächst als einsam und bedürftig, und nach kurzer Zeit wollen sie die Oberhand gewinnen. Ich habe sowas all die Jahre bei deiner Mutter durchgehen lassen, doch ein zweites Mal will ich mir dies nicht antun.

MICHEL Ich verstehe. Vielleicht kommt ja noch die Richtige.

ADOLESZENZ

VATER　　　　　　　　　Vielleicht. Nun lass uns etwas frische Luft schnappen, was meinst du?

MICHEL　　　　　　　　　Gut. Lass mich bitte noch kurz mit meiner besten Freundin telefonieren.

Am nächsten Tag laufen Vater und Sohn in der Gayparade mit.

VATER　　　　　　　　　Es ist ganz schön laut hier, und auch bunt!

MICHEL　　　　　　　　　Ja, das ist üblich. Warst du noch nie auf einer Lgbt-Parade?

VATER　　　　　　　　　Bisher nicht.

MICHEL　　　　　　　　　Wie rückständig.

VATER　　　　　　　　　Das hat nichts mit Rückständigkeit zu tun, Michel. Diesen Paraden hat man lange Zeit keine Beachtung geschenkt. Außerdem muss ich nicht tun, wonach mir nicht ist.

MICHEL　　　　　　　　　Das ist sehr wichtig und man darf nicht unparteiisch sein. Schau doch, wie viele Menschen gekommen sind.

VATER　　　　　　　　　Unglaublich viele. Und alle scheinen glücklich zu sein.

MICHEL　　　　　　　　　Ja, das sind sie – glücklich. Wir brauchen mehr davon. Homosexualität ist etwas völlig Normales; wie konnte man über die Jahrtausende bloß solch friedliebende Menschen verfolgen?

ADOLESZENZ

VATER Wer weiß… Leben und leben lassen, sage ich immer.

MICHEL Ja. Ich hatte auch mal was mit einem Jungen – es hat meine Neugier befriedigen können.

VATER (überrascht) Echt jetzt? – Du hattest was mit einem Jungen?

MICHEL Ja. Chrissi hieß er und war ein non-binär Mensch.

VATER … Es ist dein Leben, Michel. Was sagt deine Mutter dazu?

MICHEL Sie weiß davon. Sie war es auch, die mir alle Optionen nahegelegt hat. Mutter sagt, dass es zwischen schwul und hetero keinen Unterschied gibt und ich mich frei entscheiden kann.

VATER Also bist du jetzt schwul oder so ein nicht-binär – ich habe das nicht so genau verstanden?

MICHEL Ich bin noch in der Selbstfindungsphase. Ich mache noch weitere Erfahrungen, danach kann ich endgültig entscheiden, welchem Geschlecht ich angehöre oder was meine Vorlieben sind.

VATER Verstehe… Für mich ist das alles Neuland.

MICHEL Du bist ja auch ein Boomer.

VATER Was soll das sein?

ADOLESZENZ

MICHEL Grundsätzlich steht das für das Geburtenjahr der 50er und 60er, als die Geburtenrate boomte. Es heißt aber auch „alt".

VATER Spezifische Jugendsprache... Das ist nicht neu, auch wenn euch allen das als neu vorkommt. Du solltest deinem Vater aber mehr Respekt zeigen, Michel.

MICHEL Und warum, nur, weil du mein Erzeuger bist?

VATER Weil ich dein Vater bin. Außerdem muss man Ältere respektieren. Du wirst irgendwann auch in meinem Alter sein; willst du, dass kleine Kinder mit dir spöttisch umgehen?

MICHEL Ich bin kein kleines Kind. Und es ist mir egal, wie die mit mir sprechen werden.

VATER Ja, das sagst du jetzt. Die Jugend sieht die Altersmenschen immer als Belastung an, doch wenn sie selbst die Alten sind, ja dann fordern sie mehr Achtung für ihre Stellung. Die Einsicht wird früher oder später eintreffen, sei dir dessen sicher. Der Mensch ist in allen Lebenslagen opportunistisch gestimmt und der Sinneswandel ist der Nachfolger der eigenen Realität. Die Umstände beeinflussen die Denkart und wenn das Denken die Umstände verändert, dann findet sich das Bewusstsein in diesen Umständen ein, quasi die Objektivierung des Subjekts. Der Mensch identifiziert sich mehr mit seinen umfeldlichen Lebensbedingungen, als über seine abstrakte Persönlichkeit.

Michel ignoriert die Belehrungen seines Vaters. Der Vater schaut sich im Umfeld genauer um und bespricht seine Eindrücke mit Michel.

ADOLESZENZ

VATER (fingerzeigend) Michel, warum tragen diese Typen dahinten Hundekostüme?

MICHEL Das ist Kunst.

VATER Kunst also... Die weiter hinten haben aber kleine Kinder dabei.

MICHEL Ja und?

VATER Ich weiß nicht... Vielleicht ist das nichts für Kinderaugen.

MICHEL Was willst du damit sagen, bist du etwa transphob?

VATER Nein, das nicht. Aber Kinder verstehen das nicht. Diese Lgbt-Menschen sind durch die sexuellen Neigungen bestimmt und ein Kind hat kein Verständnis über solche Sachen.

MICHEL Nein, mein rückständiger Erzeuger! Das alles ist Liebe und Liebe darf alles! Das musst du akzeptieren. Ich will keinen Transphoben als Vater haben.

VATER Nochmals; Ich bin nicht transphob. Man darf sich wohl noch kritisch äußern dürfen?

MICHEL Nicht in dieser Angelegenheit. Das musst du akzeptieren.

VATER Bin ich also gezwungen, etwas zu akzeptieren, was meiner Gedankenwelt nicht entspricht?

MICHEL Wenn du nicht homophob und transphob sein willst, dann ja.

ADOLESZENZ

Der Vater merkt, dass das Gespräch zu nichts führt, deshalb schweigt er über die meiste Zeit und meidet mögliche negativ-Verwicklungen. Zuhause angekommen ist Michel mit dem Telefonieren beschäftigt und ignoriert den Vater gänzlich. Am letzten Tag des Besuchs sitzen beide am Frühstückstisch.

VATER   Ich finde es schade, dass deine Schwester nicht mitgekommen ist.

MICHEL   Mir egal, was die macht. Ich muss zuhause Hausarbeiten erledigen und sie nicht.

VATER   Das klingt ganz nach deiner Mutter.

MICHEL   Sie darf raus, kommt betrunken nachhause, schreit meine Mutter an und ist die Prinzessin im Hause. Und ich muss mein ganzes Leben dokumentieren, das, obwohl ich der Ältere bin. Der Freund meiner Mutter mischt sich nie in Maikes Angelegenheiten ein, nur aber in meine. Sie will, dass ich über meine Gefühle spreche und drängt mich dazu, dass ich Tränen fließen lassen soll – soll ich etwa grundlos weinen, nur, weil sie das gerne als melancholisches Hobby macht? Mutter schickt mich einkaufen, obwohl es nicht einmal dazu bedarf; oder verdonnert mich zu Keller- und Gartenarbeiten, obwohl es dazu auch nicht bedarf: Sie macht alles nur, um mich herumkommandieren zu können. Wie ich das hasse! Mich kontrolliert Mutter ständig und findet immer neue Gründe, um mich zu quälen. Ich will nur noch 18 sein, damit ich endlich aus dieser Anstalt ausziehen kann!

VATER   Deine Schwester trinkt in diesem Alter schon Alkohol? Was fordert deine Mutter denn noch alles von dir?

ADOLESZENZ

MICHEL Lebensbericht – ich muss ständig mein Leben dokumentieren. Danach beurteilt sie alles und legt mir irgendwelche Weisheiten und Pflichten auf. Der neue Typ steht immer daneben und tut so, als hätte sie immer recht. Mich stört das nur noch. Ja, sie trinkt.

VATER Sie ist noch viel zu jung für das Trinken; ich werde mit ihr sprechen müssen. Was glaubst du, weshalb sie dich und deine Schwester ungleich behandelt?

MICHEL Keine Ahnung.

VATER Soll ich es dir sagen?

MICHEL Ja, weshalb denn?

VATER Deine Mutter hatte mir das erzählt, als wir noch zusammen waren. Ihr Vater und ihre Brüder verkörperten schlechte Gewohnheiten und sie hatte mit alledem zu kämpfen. Deshalb wirkt deine Mutter auch intensiver auf dich ein als auf deine Schwester Maike.

MICHEL Was waren das für schlechte Gewohnheiten? Mir hat sie nie davon erzählt, und auch nicht von ihrem Vater und ihren Brüdern. Ich kenne die nicht einmal.

VATER Als ich deine Mutter kennengelernt hatte, war sie schon im Bruch mit ihrer Familie. Ich habe ihre Seite auch nie kennengelernt. Die Männer in der Familie waren angeblich exzessive Alkoholkonsumenten und Glücksspieler.

MICHEL Du hast sie niemals kennengelernt und auch niemals gesehen… Ist das nicht etwas komisch?

ADOLESZENZ

VATER   Wenn sie keinen Kontakt zu ihrer Familie haben will, dann ist das ihr Ding. Ich kann sie schlecht zum Kontakt mit ihrer Familie zwingen.

MICHEL   Womöglich sind ihre Geschichten erfunden.

VATER   Das glaube ich nicht.

MICHEL   Und warum nicht?

VATER   Was die Erziehung anbelangt, hat deine Mutter eben die zielgerichtete Besessenheit, und die muss begründet sein. Extremausrichtungen haben immer einen Urgrund, der sich festigt, sobald die Zukunft mit den Inhalten bedacht ist, oder zumindest mit den Erinnerungen assoziiert werden kann, ganz gleich, ob sie sinnergebend sind oder nicht; manche haben es nötig, so zu denken, wie sie denken – sie lassen sich auch nichts sagen, sobald man sich gegen sie stellt. Sie wittern überall dieselben Gefahren, die sie erlebt hatten und suchen diese Erinnerungen auszumerzen: Dies kann man als Aufarbeitung der eigenen Vergangenheit auffassen. Sieh doch, deine Mutter sieht in der Maike keine Gefahrenquelle, deshalb behandelt sie euch unterschiedlich. Sie will die Männlichkeit aus dir extrahieren, damit du nicht den Männern aus ihrer Vergangenheit gleichst.

MICHEL   Verständlich.

VATER (verblüfft)   Ach, ja?

MICHEL   Ja. Toxische Männlichkeit muss man auch bekämpfen. Die alten Stereotype müssen dahinschwinden, schließlich leben wir nicht mehr im Mittelalter.

ADOLESZENZ

VATER (irritiert)   Das wird schon stimmen… Ich hatte schon immer Verständnis für die Erfahrungen und Antriebe deiner Mutter.

MICHEL   Geholfen haben sie dir nicht, wie's scheint.

VATER   Menschen vereinen sich und Menschen trennen sich.

MICHEL   Also, ich will mich niemals binden. Dafür ist das Leben zu kurz.

VATER   Mit deinen 14-Jahren hast du noch viel vor dir, Michel. Die kürze des Lebens hat für dich kein Verständniswert.

MICHEL   Boomer und ihre Belehrungen. Jetzt geht das schon wieder los!

VATER   Jetzt lass mal dieses Wort weg. Ich mag das nicht hören.

MICHEL   Dein Problem, Boomer.

VATER   Erzähl mir von deiner besten Freundin.

MICHEL   Was soll ich über sie erzählen?

VATER   Was du möchtest.

MICHEL   Sie ist meine Seelenverwandte. Reicht diese Information aus?

VATER   Klar. Die Tiefe der Freundschaft ist ausgedrückt.

ADOLESZENZ

MICHEL   Luise heißt sie. Ich teile alles mit ihr.

VATER   Ist sie auch eine non-binär, oder sowas
ähnliches?

MICHEL   Sie ist Pangender. Normalerweise darf
ich Luise nicht mit dem Pronomen „sie" benennen, doch mir erlaubt
sie es.

VATER (verwirrt)   Aha… Und wofür steht dieses „Pangender", und warum darfst du sie im Normalfall nicht als „sie" bezeichnen?

MICHEL   Lebst du hinter dem Mond, Vater? –
Muss man euch Alten alles erklären?

VATER   Unwissenheit ist keine Schande, mein
Sohn. Zu meiner Zeit gab es nur Mann und Frau.

MICHEL   Pangender bedeutet, dass eine Person
keinem eindeutigen und ausschließlichen Gender angehört, also ist
sie nicht nur Mann, Frau oder anderweitig als Gender verstanden,
sondern sie verkörpert mehrere Geschlechter zugleich. Wenn ich
Luise als „sie" bezeichne, dann kategorisiere ich sie und das darf
man einem Pangender niemals entgegenbringen.

VATER   Interessant…

MICHEL   Das ist es, und auch völlig normal.

VATER   Und wie viele Geschlechter gibt es
demnach?

ADOLESZENZ

MICHEL   Etwas zu kompliziert, um alles haargenau zu definieren. Es gibt Subgeschlechter, in denen minimale Abweichungen vorkommen können, und es gibt Hauptgeschlechter, die sich gegenseitig ausschließen.

VATER   Verstehe...

MICHEL   Mach dich einfach mal schlau. Wenn du mich besser verstehen willst, dann musst du dich über diese wesentliche Thematik informieren.

VATER   Das werde ich machen.

Die Besuchszeit Michels ist vorbei und der Vater bringt ihn nach Hause. Er bittet Michel, dass er seine Schwester zu ihm rufen möge, doch Maike ist nicht im Hause. Daraufhin ruft er sie an.

VATER   Maike, hallo. Papa hier.

MAIKE (erfreut)   Oh, hallo, Papa.

VATER   Maike, ich bin gerade vor eurer Haustür und wie ich sehe, bist du nicht zuhause. Kannst du es einrichten, dass wir uns für eine kurze Zeit treffen?

MAIKE   Jetzt? Es ist grad schwierig, Papa.

VATER   Schatz, ich sehe euch nicht oft und laut Vereinbarung solltest du dieses Wochenende bei mir sein. Dein Bruder war da, du jedoch nicht. Bitte, Maike, lass uns kurz treffen.

MAIKE   Also schön. Dann hole mich bei meinem Freund zuhause ab.

ADOLESZENZ

Der Vater fährt zur Tochter und beide sitzen im Auto.

VATER   Danke, dass du gekommen bist, Maike.

MAIKE   Na klar. Und wie geht es dir?

VATER   Recht gut, danke. Wir hatten mit deinem Bruder viel Spaß in den letzten Tagen, schade, dass du nicht dabei warst. Versäume bitte die Wochenenden nicht, Maike. Meine Zeit ist nur begrenzt und du weißt, dass ich euch unbedingt sehen möchte.

MAIKE   Ja, Papa. Ich werde daran denken.

VATER   Möchtest du mir deinen Freund vorstellen?

MAIKE   Gerade nicht. Er ist beschäftigt.

VATER   Verstehe. Und wie ist er so drauf?

MAIKE   Tim ist sehr nett. Wir sind erst seit 3 Wochen zusammen. Er ist sehr klug.

VATER   Kluge Partner sind meistens unzureichend in der Partnerschaft und erfüllen nicht jede Anforderung einer Beziehung; deren Krieg tobt meistens im Kopf. Wie habt ihr euch kennengelernt?

MAIKE (nervös)   Papa, warum stellst du mir Fragen über Tim?

VATER   Ich mache mir Sorgen als Vater, Maike. Das musst du verstehen.

ADOLESZENZ

MAIKE Ich bin aber kein Kind mehr, und kontrolliert werden möchte ich auch nicht.

VATER Du verstehst mich falsch, Maike. Ich möchte dich nicht kontrollieren. Ich will dir nur beistehen.

MAIKE Mir geht es ganz gut, aber danke. Du überflutest mich mit deinen Fragen, das mag ich nicht.

VATER Wenn du die Wochenenden nicht versäumen würdest, so würden sich die Fragen auch nicht anhäufen, Maike. Wissen stagniert, sobald die Erfahrung ausbleibt. Muss ich dich über Geschlechtsverkehr aufklären?

MAIKE Nicht nötig, das haben schon Mama und ihr Freund gemacht. Ich weiß Bescheid. Ich möchte nicht bedrängt werden, Papa. Es ist mein Leben, nicht euers.

VATER Na dann. Kommst du mit dem neuen Freund deiner Mutter zurecht?

MAIKE Ja, er ist ganz in Ordnung.

VATER Gut. Falls was sein sollte, dann gib mir bitte Bescheid, ja?

MAIKE Werde ich machen, Papa.

VATER Da wäre noch etwas...

MAIKE Ja?

VATER Maike, ich möchte nicht, dass du Alkohol trinkst. Du bist viel zu jung dafür, und zudem ist es gesetzlich verboten.

MAIKE Hat der Michel dir das erzählt?

ADOLESZENZ

VATER   Unwichtig, wer es mir erzählt hat. Ich bitte dich, keinen Alkohol mehr zu trinken. Wenn du dein Bewusstsein verlierst, dann verlierst du nicht nur die Kontrolle über den Moment, sondern alles an deiner Person.

MAIKE   Es ist mein Leben und ich mache, was ich will. Du kannst mir nichts sagen.

VATER   Schatz, versteh mich doch nicht falsch, ich will nur dein Bestes.

MAIKE   Mama weiß, dass ich trinke und ich bespreche solche Sachen mit ihr. Du bist kein richtiger Vater gewesen bisher, also hast du auch kein Recht, um über mich zu bestimmen.

VATER   Ich war es nicht, der die Familie aufgelöst hat. Du beschuldigst den Falschen, Maike. Ich habe immer versucht, für dich und deinen Bruder da zu sein.

MAIKE   Trotzdem warst du nie da, als ich dich gebraucht habe.

VATER   Ich bin immer für dich da, Maike. Warum hast du mich nie angerufen, wenn du mich gebraucht hattest?

MAIKE   Mama mag es nicht, wenn wir dich außerhalb der Wochenenden sprechen.

VATER   Siehst du, es liegt nicht an mir, sondern an deiner Mutter – sie will euch von mir fernhalten. Ich muss meine Wochenenden immer nach dir und deinem Bruder ausrichten und kann es mir nicht einmal leisten, die Wochenenden anderweitig zu verbuchen. Für euer Wohl zahle ich auch die Alimente; ihr seht mich zwar nicht, doch mein Wirken ist immer auf euch. Maike, ich bin dein Vater und ich will dich nur beschützen. Das ist meine Pflicht

ADOLESZENZ

und mein Wille. Wenn du alt genug bist, kannst du Alkohol trinken – nicht aber mit 12 Jahren!

MAIKE Ich möchte nicht streiten, Papa. Besser, ich gehe jetzt zurück, Tim wartet bereits.

Der Vater trennt sich von seiner Tochter, doch die Entwicklungen seiner beiden Kinder machen ihm Sorgen. Er sucht einige Tage später seinen Bruder auf.

VATER Thomas, nimmst du einen unerwarteten Besuch an?

ONKEL Natürlich, tritt herein, Bernd. Steht etwas an, das du besprechen möchtest?

VATER Nein, diesmal nicht. Ich wollte dich und deine Familie sehen. Du weißt ja, seitdem ich geschieden bin, habe ich viel Zeit übrig.

ONKEL Verständlich. Gut, dass du vorbeigekommen bist. Astrid wollte mit dem Abendessen beginnen, bis dahin können wir ja bei einem kühlen Getränk auf der Terrasse quatschen.

VATER Hört sich gut an.

Auf der Terasse.

ADOLESZENZ

ONKEL   Und erzähl, wie läuft das Singleleben?

VATER   Singleleben – wie das klingt! Die Jüngsten sind wir nicht mehr. Single wäre ich, wenn ich keine Vergangenheitsbelastungen mit den Frauen hätte. Aber es lebt sich gut, man hat viel Ruhe und kann auch mal entspannt Dinge tun, die einem ohne Druck zukommen.

ONKEL   Da ist was dran. Was machen die Kinder, siehst du sie noch?

VATER   Ja, wie üblich an Wochenenden. Doch die beiden sind nun in der Pubertät, und du weißt ja sicherlich von der Laura, wie die Dinge sich plötzlich verändern.

ONKEL   Der Körper wandelt und die Interessen mit ihm.

VATER   Ja. Wir verlief die Pubertät mit Laura?

ONKEL   Sie ist in der Endphase der Pubertät, kann man sagen. Mit 16 ist noch nichts abgeschlossen.

VATER   Gab es Augenmerkliches?

ONKEL   Ist doch klar, die Weiblichkeit sticht hervor.

VATER   Ich meinte eher die Handlungswirkungen.

ONKEL   Dann musst du dies besser formulieren. Sie glauben nun, dass sie erwachsen seien und trotzen ihren Eltern, nur um sich beweisen zu können. Aber gut, bei Mädchen ist das etwas einfacher, schließlich bewirkt der Hormonzuschuss bei

ADOLESZENZ

Mädchen auch die erhöhte Sensibilität. Wie ist es bei Michel vonstattengegangen?

VATER Naja, die Maike war nicht wirklich abweisend gegenüber ihrem alten Herrn, und das stützt deine Formulierungen. Michel hingegen redet viel Stuss.

ONKEL Was genau?

VATER Ich war mit ihm auf einer Gayparade und er sprach irgendwas von Pangender oder sowas.

ONKEL (aufgebracht) Bernd, was stimmt nicht mit dir! Was machst du auf einer Homoparade?

VATER Jetzt bleib mal locker! Der Junge wollte dahin und ich bin mit.

ONKEL Du wirst dich niemals ändern, so viel ist gewiss! Wer die Verzweiflung unterstützt, ist Teil der Verzweiflung.

VATER Ich habe nichts unterstützt. Was soll ich machen, soll ich auf Michel konträr einreden und dafür sorgen, dass er mich gänzlich abweist?

ONKEL Da hast du ausnahmsweise Mal recht.

VATER (verwundert) Du gibst mir recht?

ONKEL In der Tat. Von einem Krüppel kann man schwer erwarten, dass er rennen könne ... Außerdem ist deine Verfügungszeit spärlich, demnach musst du dich den Kindern verständlich zeigen. Das liegt aber nicht an einer Person selbst, sondern an den Umständen. Deine Exfrau kann mit den Kindern umgehen, wie sie will, doch du kannst das in diesem Fall nicht. Wenn die Kinder

ADOLESZENZ

sich weigern, dich aufsuchen zu müssen, dann hast du einfach Pech und kannst nichts dagegen unternehmen.

VATER   Das stimmt leider.

ONKEL   Solche Männer, die ihre Kinder nur an bestimmten Tagen zu Gesicht bekommen, sind immer allestuend um die Aufrechterhaltung des guten Verhältnisses bemüht, und das ist für meinen Geschmack ein künstliches Verhalten, das nicht erbaulich sein kann.

VATER   Mir sind die Hände gebunden, Thomas. Ich befürchte auch, dass die Kinder sich von mir abwenden könnten. Maike hat jetzt einen neuen Freund und sie versäumt die Wochenendbesuche bei mir. Wenn ich nun auf mein Recht dränge, so wird sie keine Einsicht zeigen, sondern mich als Hindernis für ihre Eigeninteressen betrachten.

ONKEL (erschüttert)   Was hat die, einen Freund? Die ist doch erst 11 oder 12 Jahre alt, oder etwa nicht?

VATER   12.

ONKEL   Wieso erlaubst du es ihr in diesem Alter einen Freund zu haben? – Maike ist noch ein Kind!

VATER   Dass sie einen Freund hat, ist für mich nicht das Problem, denn sie soll ja ihre eigenen Erfahrungen machen. Mich sorgt eher, dass sie zu sehr an diesem Jungen hängen und die Schule versäumen könnte, oder so…

ONKEL   Die Schule wird sie bestimmt nicht säumen, doch dass sie einen Freund in diesem Alter hat, ist besorgniserregend, Bernd! Ich mein, wenn sie mit 12 Jahren schon einen

ADOLESZENZ

Freund hat, dann ist dies erst der Anfang. Mit 15 Jahren die erste Abtreibung, mit 20 dann 30 Ethnien intus. Willst du das?

VATER   Übertreib mal nicht.

ONKEL   Ist so. Wenn man der Triebnatur erst einmal freien Lauf lässt, dann wird sie auch die Kontrolle übernehmen. Der Geist muss Herr des Körpers sein, nicht umgekehrt. Wenn Maike bereits in diesem Alter Geschlechtsverkehr hat, dann wird die Neugier ihr Antrieb und sie wird aller Normalität übersättigt sein, sodass sie im hohen Alter abartigen Phantasien nachjagt. Möglichkeiten sind Freiheiten, doch die Notwendigkeit wird durch sie ausgeblendet. Ich habe einst eine junge Frau auf einer Chatseite kennengelernt, die erst 21 war: Sie erzählte mir, dass sie in den jüngsten Jahren entjungfert wurde und nach einer bestimmten Zeit ihren Reiz für Normales verloren hatte. Als ich sie ohne zu verurteilen weiter ausfragte, gestand sie mir noch mehr: In Dark-Rooms ließ sie sich mit 19 Jahren anketten und mehrere unbekannte Männer machten sich auf sie. Außerdem gestand sie mir, dass sie sich an-urinieren ließ und dies sie noch mehr reizen würde... Von den Nacktbildern, die sie mir im Vorfeld sendete, ohne mich je getroffen zu haben, will ich erst gar nicht sprechen. Bei mir blieb es einzig beim ersten Treffen im Park, denn was will man von einer, die nur Ekel hervorruft? Wer sich selbst nicht achtet, verdient es nicht, geachtet zu werden, und wer dem Verächtlichen nachjagt, ist kein Deut besser.
Wer weiß, welche Perversionen sie und solche noch ausleben. Was will man auch von einer erwarten, die sich schon beim ersten Date zum Geschlechtsverkehr verabredet? – Keine Würde, keine Scham, wollüstig und verdorben. Die direkte Ablehnung für solche ist Strafe genug, es vermehrt ihr Minderwertigkeitsgefühl, und schon suchen sie sich die Nächsten, um ihr Selbstbild stärken zu können. Sie leben alle von der Aufmerksamkeit, ohne die sie nur in Selbsthass und Selbstmitleid verfallen würden. Guck dir die Feministen an: „Protestaktion" nennen sie es, wenn sie sich nackt auf die Straße stellen

ADOLESZENZ

– keine Würde, kein Anstand, keine Selbstachtung; dass die Familienangehörigen zusehen könnten, das schert sie nicht einmal. Schamlosigkeit potenziert sich, jeder fängt schamvoll und sittsam an, die niederhaften Erfahrungen übersättigen die Menschen. Die Geheimnisse der Menschen sind verächtlich, mein Bruder, und niemals wird man Verständnis für die Frauengeschichten zeigen. Immer, wenn ich mir eine Gefängnisdokumentation mit Heranwachsenden anschaue, sprechen immer junge Typen von ihren Kindern: 16-20-jährige Halbkinder, die im Gefängnis sitzen und selbst Kinder haben – das spricht doch Bände! Geschlechtsverkehr ist in den jüngsten Jahren kontraproduktiv, hemmend und sogar belastend. Die Gesetze der Indolenten sagen, dass ein Kind mit 12 Jahren nicht heiraten darf, doch Geschlechtsverkehr und eine folgende Schwangerschaft, ja die sind nicht verboten! – Was für eine Widersprüchlichkeit! Du musst diese Beziehung beenden, Bernd. Das ist mein voller ernst. Wenn du jetzt nicht eingreifst, wirst du sie nicht mehr vor der Hurerei retten können.

VATER Was soll ich ihr sagen?

ONKEL Geh hin und erkläre ihr, dass sie in diesem Alter keine Beziehung führen kann, ihr Körper und erst recht ihr Geist nicht vollentwickelt ist; dass Gefahren der Schwangerschaft bestehen, oder was weiß ich, was du sagen sollst – du sollst diese Beziehung beenden, Bernd!

VATER Ich kann das nicht, tut mir leid.

ONKEL Verdammter Weichei! Hat nicht einmal seine kindliche Tochter unter Kontrolle! Eunuch!

ADOLESZENZ

VATER   Sei nicht herablassend, Thomas. Da wird schon nichts passieren. War das bei deiner Tochter auch so einfach?

ONKEL   Das war es: Es war sehr leicht. Ich und Astrid haben ihr klargemacht, dass sie keinen Freund haben kann – und das haben wir von Anfang an gemacht, und nicht erst dann, als es zu spät war.

VATER   Wir sollten mit der Zeit gehen. Das alles ist heutzutage völlig normal.

ONKEL   Was ist normal, etwa Unsittlichkeit und Unzucht? Dein ehemaliges Weib hat dich schön manipuliert – und siehe, es wirkt noch! Du bist irrational-gestimmt, Bernd.

VATER   Bertha hat nichts damit zu tun.

ONKEL   Oh, doch. Das glaube ich schon. All die Jahre der Knechtschaft haben dich sicherlich irreversibel geprägt. Wenn ein kleines Mädchen, dessen Körper noch nicht einmal ausgereift ist, in einer Beziehung ist, und sogar bei ihrem Freund übernachten kann, ja dann wird der Geschlechtsverkehr nicht zu vermeiden sein. Du weißt ja, wie die Jungs ticken – sie werden das Mädchen zum Akt drängen und anschließend das Interesse an ihr verlieren. Deshalb hat man auch die Ehe vorbestimmt, damit sie über ihre Neigungen hinaus eine Verpflichtung haben.

VATER   Maike wurde aufgeklärt, mach dir keine Sorgen. Sie wird wissen, was zu tun ist.

ONKEL (entsetzt)   Aufgeklärt, von dir, ihrem Vater?

VATER   Von ihrer Mutter und ihrem Freund. Hätte Bertha nicht Maike sexuell aufgeklärt, so hätte ich es gemacht.

ADOLESZENZ

ONKEL Du bist eine Schande für unser Blut! Wie kann man nur so ein Abweichler sein! Verdammter Eunuch, Weib in Mannesgestallt!

VATER Lass diese Beleidigungen. Meine Kinder, meine Erziehungsmethoden!

ONKEL Welche Erziehungsmethoden, Bernd? Der neue Macker deiner Exfrau hat das Kommando über deine Kinder! Von wegen „sexuelle Aufklärung" – was bitteschön soll daran „Aufklärung" sein?

VATER Damit sie Gefahren meiden und ihren Körper verstehen, das ist doch völlig normal.

ONKEL Aufklärung bedeutet, dass einem geistig Unmündigen das folgerichtige Denken nähergebracht wird, das heißt, dass man das Denken für andere übernimmt, da sie dessen nicht fähig sind. Die Menschen müssen nicht sexuell aufgeklärt werden, sie lernen dies durch die Tätigkeit selbst. Jahrtausende lang gab es diese Formen der Pervertierung nicht und siehe, die Nachkommenschaft wurde ermöglicht. Wenn den Menschen Wissen an Praxis beigebracht wird, dann eben nicht nur das Nötigste und Wesentlichste, sondern alles Übersteigende! Guck dir doch die Pornos der heutigen Zeit an: Was ist an ihnen noch natürlich? – Man sieht, wie die Menschen entwürdigt werden, und das für Geld, indem sie Rollen und Szenarien vorspielen. Das Näherbringen des Geschlechtsakts ist die Aufhebung der Scham, und Schamlosigkeit verdirbt die ganze Gesellschaft. Kleine Kinder haben Zugriff zu diesen Perversionen und das ist Gesellschaftsmord.

VATER Nein, das glaube ich nicht. Diese Seiten sind erst ab 18 Jahren.

ADOLESZENZ

ONKEL Der Zugang zum Internet ist nicht klar definiert, demnach kann jedes Kind mit einfachen Suchbegriffen auf diese Seiten zugreifen. Der animalische Trieb entsteht in einem, Bernd, demnach auch die Suche nach der Befriedigung.

VATER Was sollen wir machen, etwa eine Altersgrenze für das Internet bestimmen?

ONKEL Wäre sinnvoll. Das Internet ist die Urquelle der Falschinformationen und jede Ideologie hat darin ihren Wirkplatz. Abgesehen davon, kann man den Kindern nicht nur Sinnenfreuden entgegenbringen, damit sie gefügig und ruhiggestellt sind, sondern sie müssen erzogen werden – richtig erzogen, damit sie den Ernst des Lebens verstehen.

VATER Was für Sinnenfreuden sollen das sein?

ONKEL Spiele und Trickfilme im Übermaß. Auch sie sind knebelnde Sinnenberauschungen. Darin müssen sie gleichfalls gemäßigt sein und stattdessen sollte die Eigenkreativität gefördert werden. Die Eltern entlasten sich, indem sie ihre Kinder mit geschäftigem Nichtstun stillsetzen.

VATER Ich halte nichts von Einschränkungen.

ONKEL Weil es dir auch einfacher fällt! Wenn man Kindern alles gibt, wonach sie sehnen, so sind sie zwar für den Moment gestillt, doch ihre Affektationen werden zügellos sein. Ein Kind muss nur schreien und schon wird es bekommen, wonach es begehrt. Ich sage: Strenge Manneshand!

VATER Schlagen also?

ADOLESZENZ

ONKEL Wenn du darunter das Schlagen verstehst, dann nur aufgrund deiner mangelnden Fassungskraft. Die strenge Erziehung ist damit gemeint und nicht die weibische Zartheit, die die Kinder nur verweichlicht. Ich habe Laura niemals schlagen müssen, um sie zu etwas zu bewegen. Gebe 5 und nehme 3 zurück – nach diesem Prinzip handle ich, und es wirkt.

VATER 5,3 – was meinst du? Erläutere, bitte.

ONKEL Kinder haben keine Fassungskraft, die einem Erwachsenen gleichen, also bleiben ihnen nur die affektive Empfindung und die Bedürfnisse übrig. Sie wiegen die Zeiten auch nicht miteinander ab, da ihr Denkvermögen nicht dazu befähigt ist; das heißt also, dass die Eltern im Grunde täglich von vorne beginnen, mit allem was sie tun, und Kinder werden immer nur das gegenwärtige Verhältnis zu ihren Eltern fühlen. Erst wenn sie ausgewachsen sind und ein abwiegendes Gesamtverständnis über Vergangenheit, Gegenwart und Zukunft haben, dann allmählich werden sie auch ihre Kindheitsereignisse aburteilen können. Kinder sind nicht nachtragend und die Erziehung besteht nicht nur aus dem Einzelakt. Egal, wie man sie auch behandelt, sie werden immer an ihre Eltern gebunden sein, und dies meine ich als geistige Gebundenheit – die körperliche steht außer Frage. Mit „5 geben und 3 nehmen" meine ich, dass die elterliche Verantwortung und Pflicht gegeben sein muss, bevor man etwas von den Kindern fordert; wenn die elterliche Position nur durch Forderungen reflektiert wird, dann gibt es nichts, was ein Gegengewicht erzeugen kann, was bedeutet, dass diejenigen, die Güte erfahren, auch gewillt sind, Pflichten zu übernehmen, jedoch Kinder negativurteilend werden, wenn die Eltern weniger leisten als sie fordern. Wenn du als Vater abgesonderte Pflichten übernimmst und deine Frau deiner Taten unterschiedene Pflichten übernimmt, dann wird dem Kinde das gegensätzliche Einwirken bewusst und es sieht das Schaffen, ergo wird es auch Mutter

ADOLESZENZ

und Vater klar zu trennen wissen, wodurch auch zusätzlich das Verleiten zur Abnormität verhindert wird – eine geschlechtstrennende Erziehung ist eine Notwendigkeit, denn auch Gott und die Natur haben die Geschlechter getrennt. Die blind-mechanische Natur ist ein Prozess, nicht aber die Ursache: Die Ursächlichkeit ist immer bei Gott. Nur Forderungen stellen, ohne Zeit und Kraft in die Kinder zu investieren, wird im hohen Alter berechnet, und dies wird der Grund sein, weshalb die Kinder nicht hörig werden: Richtig gehört – hörig; Kinder müssen tun, was die Eltern von ihnen verlangen. Indem die Kinder Wissen über Sexualität erlangen, werden sie auch gleichzeitig dazu gedrängt – kannst du nicht soweit denken? Theorie von euch und Praxis von ihnen.

VATER Sie sind aber bereits zur Eigenständigkeit befähigt, Thomas, zumindest dazu fähig, sich von mir abstoßen zu können. Maike übernachtet bereits bei ihrem Freund, kann ich das alles rückgängig machen? – Die Mutter sitzt am längeren Hebel und ich bin machtlos. Also sind es für meinen Geschmack leere Worte. Ich kann aus meinem jetzigen Standpunkt aus keine Strenge zeigen, denn jede noch so kleine Gegenwirkung kann zum Bruch mit den Kindern führen.

ONKEL Das stimmt, die Katze ist auch bereits aus dem Sack. Du wirst diese von mir genannten Versäumnisse jetzt zu begradigen versuchen, viel Spaß dabei. Keine Wirkung steht für sich allein, sondern sie ist die Ursache weiterer Verkettungen. Erwachsene Menschen sind autarkisch bestimmt, doch Kinder müssen geleitet werden. Die wichtigste Zeit ist die Zeit des Heranwachsens, denn die Selbstfindungsphase ist keine gefestigte Phase.

VATER Apropos Selbstfindungsphase... Michel hat auch darüber gesprochen. Vielleicht ist es unangebracht oder ich sollte es auch dir verschweigen, doch Michel sprach davon, dass er mit einem Jungen ein Verhältnis hatte und sich erst Erfahrungen

ADOLESZENZ

sammeln muss, ehe er sein abgeschlossenes Geschlecht oder seine Neigungen bestimmen kann.

ONKEL (rasend)   Ein Verhältnis mit einem Jungen? Schwuchtel-Scheiße! Du bist doch ein Vollidiot, Bernd – du und deine Exfrau, dieses geisteskranke etwas! Was hat man aus dem einst-ehrbaren deutschen Mann gemacht... Wahrlich, das Ende steht bevor! Unser Blut ist verdreckt. Du bist eine Schande für unseren Familiennamen. Unser Vater hätte dich verstoßen!

VATER   Was soll ich machen, sag mir, was ich machen soll? Bertha hat die Kinder, nicht ich! Ich wollte all das nicht.

ONKEL   Ihr habt doch alle den Verstand verloren... Korrumpiert und vermodert! Wie soll ich den Michel noch ernstnehmen? Das muss unterbunden werden. Ich werde mit ihm sprechen.

VATER (emsig)   Bloß nicht! Bertha wird mir die Kinder gänzlich entziehen. Du schadest nur mir, Thomas. Ich verbiete dir, dass du mit Michel oder Maike über diese Themen sprichst. Glaube mir, sie werden dich ablehnen – und auch mich!

ONKEL   Du bist eine ehrenlose Tunte, Bernd! Eine schwächliche und kränkliche, nicht ernstzunehmende Kreatur! Dass ich dich auch noch ernstnehme, kannst du als Milde verstehen. Ich werde mit Michel sprechen, ob du es willst oder nicht. Auch wenn ich diese Verderbnis nicht ungeschehen machen kann, so kann ich doch vielleicht das Schlimmste abwenden.

VATER   Ich verbiete es dir...

ONKEL   Verbiete du erstmal deinen Kindern all die Perversionen! Jetzt raus mit dir, ich will dich nicht mehr sehen, du würdelose Tunte!

ADOLESZENZ

VATER   Und Abendessen?

ONKEL   Fragst du auch noch nach Abendessen? Das macht meine Frau und du bist nicht mannsgenug, um von einer Frau bedient zu werden. Jetzt scher dich raus, du Weibsjunge!

Die Versuche des Vaters, den Onkel von Michel und Maike abzuwenden, scheitern. Erniedrigt verlässt der Vater das Haus seines Bruders. Der Onkel spricht zu seiner Frau.

ONKEL   Hast du das Neueste gehört, Astrid?

TANTE   Was denn, wo ist Bernd hin?

ONKEL   Hab ihn soeben verjagt. Mein Neffe ist zu einer Schwulette geworden und lässt sich penetrieren!

TANTE   Oh, Gott...

ONKEL   Ja. Krank oder?

TANTE   Einfach nur krank... Dennoch sollte dem Gast das Gastrecht gewährt werden. Du hättest ihn zumindest zu Tisch beten können. Er lebt nicht bei den Kindern, Thomas, das musst du berücksichtigen. Diese Bertha ist das Übel.

ONKEL   Du hast recht, Astrid. Ich konnte mir diese Abartigkeiten nicht weiter anhören und deshalb wollte ich ihn nicht mehr sehen. Ich werde die Kinder aufsuchen, hoffe, dass sich dabei etwas tun wird.

TANTE   Erwarte nicht allzu viel.

ADOLESZENZ

ONKEL　　　　　　　So wird es auch sein... Ich habe die Kinder schon seit mehreren Jahren nicht mehr gesehen. Dieses Teufelsweib von Bertha ist wahrlich geisteskrank! Sag der Laura, dass sie mir die Nummern der Beiden aufsuchen soll.

TANTE　　　　　　　Werde ich ihr ausrichten. Lass deine Wut nicht an uns raus.

ONKEL　　　　　　　Das tue ich nicht, Astrid. Doch diese Zustände sind mehr als besorgniserregend und man verliert schnell die Fassung.

Alsbald sucht der Onkel zunächst Michel auf und lässt ihm vorerst nichts von seinen Vorkenntnissen anmerken. Das Wiedersehen mit dem Onkel erfreut Michel zuvorderst, doch die Freude wird abrupt vergangen sein.

ONKEL　　　　　　　Michel, mein Neffe. Schön, dich nach so langer Zeit wiedersehen zu können.

MICHEL　　　　　　　Ja, Onkel Thomas. Es ist lange her.

ONKEL　　　　　　　Du bist gewachsen. Erzähl, wie geht es dir, was machst du so alles in deiner Freizeit?

MICHEL　　　　　　　Läuft bei mir. Ich chille mit meinen Freunden und bin proaktiv.

ONKEL　　　　　　　Sprichst du immer so?

MICHEL　　　　　　　Wie spreche ich denn?

ADOLESZENZ

ONKEL Nichts weiter, egal. Was heißt proaktiv?

MICHEL Ich kümmere mich um bedürftige
Menschen aus der Gesellschaft.

ONKEL Das klingt sehr schön, Michel. Was
sind das für Bedürftige, etwa Obdachlose oder Behinderte?

MICHEL Nein, keines von beiden. Ich setze
mich für die LGBT-Rechte ein.

ONKEL Also für die Rechte von Schwulen und
Transen?

MICHEL Unter anderem. Das ist sehr wichtig.
Die Gesellschaft muss aufgeklärt und umgestimmt werden.

ONKEL Das Wort „Aufklärung" höre ich in letz-
ter Zeit oft und zu meinem Verständnis über die sinngemäße Bedeu-
tung dieses Begriffs, wird es mittlerweile von allen Seiten zweckent-
fremdet.

MICHEL So? Wofür steht deiner Meinung nach
das Wort „Aufklärung"?

ONKEL Jenen, die ihre Vernunftgabe nicht
ordnungsgemäß anwenden können, wird durch die Tüchtigen hilfe-
geleistet.

MICHEL Aber genau das mache ich doch, wenn
ich die Gesellschaft über ihre Unwissenheit aufkläre. Das ist doch
der Punkt.

ONKEL Welcher Unwissenheit unterliegt die
Gesellschaft?

ADOLESZENZ

MICHEL Homosexuelle und weitere werden diskriminiert, und das zu unrecht. Wir müssen der Gesellschaft klarmachen, dass jeder das machen und sein kann, wozu er sich bereiterklärt.

ONKEL Alles, wozu man sich bereiterklärt, also willentlich meinst du?

MICHEL Genau.

ONKEL Was, wenn ich jetzt eine Frau vergewaltigen wollte, darf ich das dann auch machen?

MICHEL Nein, darfst du nicht. Das ist was anderes und gehört verboten.

ONKEL Wer schreibt vor, dass es verboten ist? – Es ist doch mein Wille und ich erkläre mich bereit dafür.

MICHEL Nein, eben nicht, Dummchen. Der Wille ist nur für die Selbstbestimmung ausgerichtet, nicht aber, indem man anderen Schaden zufügt.

ONKEL Und wer bestimmt das?

MICHEL Jeder, auch die Gesetze, das ist nun mal so. Niemand hat das Recht, anderen schaden zu dürfen.

ONKEL Wenn ich aber besondere Bedürfnisse in mir habe und ihnen Geltung verschaffen möchte, und diese nur durch andere befriedigt sein können – warum sollte ich nicht tun, was mir beliebt?

MICHEL Onkel, du bist peinlich. Ein Homosexueller lebt seine Liebe aus und schadet anderen nicht. Was verstehst du darunter nicht?

ADOLESZENZ

ONKEL Wille und Selbstbestimmung – darum geht es dir doch, oder nicht?

MICHEL Ja, genau. Aber doch nicht, indem anderen Schaden zugefügt wird.

ONKEL Schaden darf man sich selbst, im Kontext der Selbstbestimmung, jedoch darf ich niemand anderem Schaden zufügen, auch wenn dies die Erreichung meiner Selbstbestimmung bedingt?

MICHEL Ja. Mach was du willst aber schade anderen nicht.

ONKEL Und warum sollte ich das tun? Warum soll ich anderen nicht schaden, wenn es doch in erster Linie um meine eigenen Interessen geht?

MICHEL Wie oft noch? Du kannst für dich machen, was du willst, lass aber andere in Ruhe!

ONKEL Du zwingst mir deine Meinung auf, sagst, was ich machen darf und nicht, und verlangst, dass ich dies akzeptiere. Warum ist mein Verständnis über Selbstbestimmung nicht geltend?

MICHEL Was hat das denn damit zu tun?

ONKEL Du willst deine Wahrheiten anderen aufzwingen, ohne das Einverständnis derer, sagst aber gleichzeitig, dass allein der Wille entscheidend ist: Welcher Wille, der Wille bestimmter Randgruppen?

MICHEL Bist du etwa homophob?

ONKEL Was bedeutet „homophob"?

ADOLESZENZ

MICHEL   Ein Feind der Homosexuellen, du
Dummchen.

ONKEL (bösblickend)   Michel! Lass diese Respektlosigkeit!
Du sprichst nicht mit deinen Freunden.

MICHEL   Ok, Boomer.

ONKEL   Was heißt das?

MICHEL   Du bist alt und hast alte Wertevorstellungen.

ONKEL   Veralten die Wertevorstellungen?

MICHEL   Ja, wir leben nicht mehr im Mittelalter.

ONKEL   Das Land, indem du lebst, hast du es
erobert?

MICHEL   Natürlich nicht.

ONKEL   Also hast du auch kein Anrecht darauf
dich Deutscher zu nennen und in Deutschland zu leben.

MICHEL   Und warum nicht?

ONKEL   Weil deine Vorfahren dieses Land er-
richtet haben und nicht du! Wie also kannst du die Vergangenheit
abweisen?

MICHEL   Ist mir egal, deine Ansichten sind über-
holt!

ONKEL   Stell dir einmal vor, dein Vater und
deine Mutter hätten dich als Kind in ein Zimmer gesperrt und hätten

ADOLESZENZ

dich weder in die Schule geschickt noch dir die Sprache beigebracht: Könntest du, wie du es jetzt tust, dich verständigen?

MICHEL   Irgendwie schon.

ONKEL   Wie, irgendwie? Hast du deine Sprache von selbst gelernt?

MICHEL   Nein. Durch meine Eltern.

ONKEL   Ich hoffe nun, dass du verstehst, was ich meine: Das, was du bist und wozu du fähig bist, ist nicht nur durch dich selbst geschehen, sondern dass dir alle Fähigkeiten einverleibt wurden – und das, ohne dein Wissen, da ein kleines Kind kein Selbstbewusstsein hat! Andere Frage: Kannst du dich an deine Geburt erinnern?

MICHEL   Nein.

ONKEL   Du kannst dich nicht an deine Geburt erinnern und doch wurdest du auf die Welt gesetzt, ernährt, beschützt, hast das Laufen und Sprechen von anderen gelernt. Wie, Michel – wie kannst du die Vergangenheit abweisen, wenn doch alles was du bist und kannst durch die Vergangenheit bestimmt ist? Gesellschaften gleichen den Individuen, Michel. Was einem geschehen kann, kann allen geschehen. Alles, was du in der Gesellschaft beobachten kannst, ist von der Vergangenheit vererbt oder durch sie inspiriert. Jeder Mensch fängt am selben Punkt an, wenn er etwas lernen will; die Anfänge sind immer dieselben. Erst muss man Musik gehört haben, ehe man selbst Musik machen kann. Erst muss man die Schrift verstehen, ehe man selbst etwas verfassen kann. Niemand steht für sich allein, und die Vergangenheit zu leugnen ist das Leugnen aller Errungenschaften.

ADOLESZENZ

MICHEL Früher hat man Homosexuelle gejagt, Hexen verbrannt und Menschen geopfert – sollen wir dies auch weitermachen?

ONKEL Jede Generation unterliegt Irrtümern, Michel. Keine Zeit ist von Fehlschlüssen befreit; ein Irrtum ist ein Irrtum, ungeachtet der Konsequenzen. Glaubst du, dass es in der heutigen Zeit keine Irrtümer gibt?

MICHEL Oh, ja – es herrschen viele Irrtümer.

ONKEL Welche denn? Zähl mal auf.

MICHEL Die Ungleichheit von Mann und Frau als Klassiker, oder dass die LGBT „unnormal" sei, bspw.

ONKEL Also haben sich alle Generationen über die Jahrtausende geirrt und nur die heutige ist im recht?

MICHEL So kann man das sagen, ja. Unsere Generation denkt weiter.

ONKEL Oh, Michel... Wir haben noch viel vor uns...

MICHEL Ja, Onkel. Du musst bekehrt werden. Deine verstaubten Weltbilder gelten in der heutigen Zeit nicht mehr.

ONKEL Die Vernunft ist zeitlos, lieber Neffe. Jede Generation hat die Vorgängergenerationen verurteilt: Sie sahen sich immer als die besseren und die Alten als die rückständigeren, doch auch mit unserer Zeit werden sie abrechnen. Jeder erwachsene Mensch kann seine Kindheit leichtfertig verurteilen, da er eben nicht mehr für sie Verantwortung übernehmen muss, doch wenn es um die Gegenwart geht, so ist niemand selbstkritisch. Mit

ADOLESZENZ

30 Jahren ist man selbstüberzeugt, mit 40 verschmäht man diese Zeit und wirft sich Unwissenheit oder Fehlerlastigkeit vor; genauso verhält es sich auch mit ganzen Gesellschaften: Sie werden im gesamten älter, nicht periodisch. Wenn wir die Zeitrechnung auf null stellen würden, würde sich dadurch das praktische Leben gleichfalls auf null stellen? Die Moralinhalte ändern sich, nicht aber die Moral selbst – dieser ist nur ein Antrieb, um das Selbstideal bestimmen zu können.

MICHEL LGBT muss man akzeptieren, Onkel. Für mich zählt nur das.

ONKEL Wo du es sagst: Du sprichst über Homophobie – Phobie bedeutet Angst, so frage ich dich: Weshalb sollte man Angst vor einem Schwulen haben?

MICHEL Damit ist doch nicht Angst gemeint, sondern Abneigung.

ONKEL Phobie heißt Angst und nichts anderes. Angst entsteht in einem, Furcht bezieht sich auf etwas Bestimmtes. Arachnophobie bedeutet z. B., dass jemand Angst vor Spinnen hat: Spinnen können giftig sein, oder die Erscheinungsart ist für das menschliche Auge abartig – diese können Grundursachen für die Spinnenphobie sein; oder Höhenphobie als nächstes Beispiel: Die Angst vor dem Fallen und Sterben kann die Angst begründen. Und nun sag mir, Michel: Warum sollte ich vor einem Schwulen, der zweifelsfrei gewaltbefreit ist, Angst haben?

MICHEL Ich weiß nicht, du musst ja keine Angst haben.

ONKEL Warum beschuldigst du mich dann mit dem Wort „Homophobie"?

ADOLESZENZ

MICHEL Das sagt man zu Schwulengegner und ich nehme an, dass du einer bist.

ONKEL „Das sagt man zu Schwulengegner" – genau das ist es! Man setzt stigmatisierende Wörter, um die Gegner in eine Schublade zu stecken. Sie sagen „Phobie", um Angst zu suggerieren. Damit ist gemeint, dass nicht der Homosexuelle das Problem ist, sondern der Gegner, der schlicht und ergreifend Angst hätte und sich um die Überwindung dieser Angst bemühen soll. All das sind Blendwerke und Irrlehren, Michel. Ich erinnere dich an deine Worte: Du sagtest, dass viele Irrtümer herrschen, ist dies kein Irrtum deiner Zeit?

MICHEL Und wenn es so wäre: Niemand stirbt durch diese harmlosen Irrlehren.

ONKEL Geht es bei Irrtümern nicht um die Leugnung und Ablehnung der Wahrheit?

MICHEL Kann sein, aber die Wirkungen sind unschädlicher als beim Hexenverbrennen.

ONKEL Das glaubst nur du, Michel. Die Entscheidungen einer Generation sind keine Entscheidungen, die nur für sie geltend sein werden: Die Entscheidungen einer Zeit, zu denen auch die Verneinung der Wahrheiten gehört, werden immer der Folgegenerationen auferlegt und diese wiederum müssen sich früher oder später mit diesen Irrtümern auseinandersetzen – zu ihren Gunsten oder ihrem Verderben. Die Hexenverbrennung war ein Irrtum und die Kirche hat durch sie an Kredibilität eingebüßt; selbst wenn dein Irrtum keine Gewalt enthält, so ist doch ihre Wirkbarkeit nicht aufgehoben. Irrtümer können nicht alle Zeiten überstehen. Die Vertreter und zugleich Gegner eines Standpunkts bedürfen der Gründe, um sich selbst Geltung verschaffen zu können, und was ist

ADOLESZENZ

gewichtiger als die Aufdeckung der Irrtümer? – Sind die, die Irrtümer ergründen, nicht zugleich als Erretter angesehen? Diese Dinge und Weltbilder, die du verteidigst, werden der künftigen Generationen angelastet. Willst du wissen, wie?

MICHEL   Erzähl mal.

ONKEL   Mann und Frau bilden das menschliche Kontinuum, sie sind durch ihre Naturanlagen zu dessen Erhaltung befähigt und auch dazu genötigt. Mann und Frau haben spezifische und doch füreinander angepasste Geschlechtsorgane, die für jedermann ersichtlich und auch durch die Geschlechter selbst wahrzunehmen sind. Leicht erklärt, schwer zu begreifen. Wenn Homosexualität gesellschaftsfähig wird, so entwertet sie das Grundverhältnis zwischen Mann und Frau. Alternativen resultieren aus der Basis und sind nicht ihre eigene Ursache. Alternativen kann man der Basis nicht gleichstellen, höchstens setzen, indem die Realität einer Gesinnungsmoral geopfert wird. Die Lüge kann zwar aufrechterhalten werden, doch wie lange? Wenn Alternativen sich vermehren, so verdrängen sie gleichzeitig den Basiswert – vergiss nicht, dass sich die Alternative immer als solches empfinden wird, und es ist Fakt, dass das Ressentiment der Minderheiten auch nach der Gleichschaltung nicht aufgelöst wird, im Gegenteil, als Begünstigte werden sie sogar hochmütiger.
Minderheiten sind immer die Fordernden und Mehrheiten immer die Bewahrenden: Rechte werden nicht erfunden, sondern abgetreten, und die Abtretung der eigenen Rechte bedeutet immer die sukzessive Selbstauflösung; die gute Tat wird zum Selbstverhängnis. Diese LGBT-Community, die du verteidigst, lebt ihre Abartigkeit nicht im Privaten aus, sondern sie machen dies in aller Öffentlichkeit; nicht nur das: Sie schaffen sich Institutionen, um aus der Peripherie entkommen und sich als Allgemeinheit etablieren zu können. Es sind Ideologien, Michel. Am Einzelnen haftet das schon lange

ADOLESZENZ

nicht mehr. In Deutschland ist das Tragen von Uniformen in der Öffentlichkeit verboten und dies aufgrund des Anwerbungspotenzials, doch was machen diese Abnormitäten, sind ihre Eigenkreationen, nämlich Regenbogensymbole und Verhaltensweisen, keine Art der uniformellen Kenntlichkeit? Planen und organisieren sie keine Demonstrationen? Werben sie nicht vor aller Augen Unterstützer, und was noch schlimmer ist, Beteiligung an der sexuellen Orientierung für sich? Ich sah Werbeplakate an deutschen Bahnhöfen, die Hirngespinste, wie sie das 3. Geschlecht ist, kundtaten – wenn gesunde Menschen für die Krankheit werben, wer sind dann in Wirklichkeit die Kranken? Massensuggestion ist das. Nur, weil sie nicht gewalttätig sind, werden sie nicht als Ideologen verstanden, doch blicke tiefer: Sie kämpfen nicht gegen einen Staat oder eine Generation, sie kämpfen gegen die menschliche Natur: Wie das Krebsgeschwür, das mit seinem Träger auch sich selbst zerstört. Nur Mann und Frau können die Menschheitsverkettung erweitern und erhalten, alle Abweichungen sind dazu nicht fähig und schlichtweg als selbstzerstörerisch zu verstehen. Ein Homosexueller kann seinen Stammbaum nicht erweitern, er ist die Zäsur in seinem eigenen Stammbaum, aus dem er selbst entstanden ist.

Toleranz ist immer einseitig, Michel, und die Menschen wollen ihr Dasein nicht als Begünstigte fristen, vergiss das nicht. Wenn diese Abnormitäten erst einmal gefestigt sind, so werden sie alles ablehnen, was ihnen nicht gleichkommt. Nun sag mir, welche Eigenschaften diese Neugender reflektieren?

MICHEL Ich ignoriere deine Ansichten. Das Geschlecht ist ein gesellschaftliches Konstrukt. Jeder kann sein, was er oder sie sein möchte.

ONKEL Wenn doch der Wille allein entscheidend ist, weshalb reicht diesen Transgender die Willensbekundung

ADOLESZENZ

nicht aus, sondern, sie müssen ihren Wunsch erst durch operative, künstliche Eingriffe vervollständigen?

MICHEL   Einfache Ästhetisierung.

ONKEL   Ästhetik, also Unnatürlichkeit an Schönheit! Nicht alles kann schön gebildet sein; Schönheit hat nur durch seinen Antonymen wert und das ist Hässlichkeit. Wie sonst soll man ermitteln können, was schön ist? Etwas, das künstlich geformt werden muss, ist nicht Bestandteil der Natur. Zumal verwechselst du Schönheit mit Selbstkasteiung, denn der Abnorme entfernt mehr als er hinzusetzt. Alles, was durch sich selbst besteht oder seine eigene Ursache ist, ohne die Zwecksetzung des Verstands, ist natürlich. Stell dir vor, Michel: Ein Mann lässt sich Silikonbrüste anbringen und glaubt dadurch, dass er durch diese Implantate eine vollwertige Frau sei. Verstehst du die Falschheit?

MICHEL   Nein, verstehe ich nicht!

ONKEL   Etwas Künstliches wird als Natürlichkeit falsifiziert, ganz leicht zu verstehen. Genauso könnte ich mir ein Geweih aufsetzen und behaupten, dass ich ein Hirsch sei. Selbiges Prinzip. Das sind geisteskranke Menschen, Michel. Sie leugnen ihre Realität; und selbst in den Gegenständen, die sie sich anbringen, sehen sie keine Falschheit. Besessenheit ist das, soweit, dass der Wunsch oder das Ideal die Realität verdrängt.

MICHEL   Geisteskranke? Du bist der Geisteskranke, Onkel! Meine beste Freundin ist Pangender, und auch weitere Freunde von mir sind intersexuell. Ich habe auch kein klardefiniertes Geschlecht. Einen Transphob und Menschenfeind will ich nicht als Onkel.

ADOLESZENZ

ONKEL (erzürnt)   Für deine Frechheit sollte ich dich ohrfeigen, Michel. Diesmal lasse ich es durchgehen, doch beim nächsten Mal werde ich dich nicht verschonen. Sei ein Mann und kein Weib! Nochmal so frech und es gibt Prügel, sei sicher. Deine Mutter hat dir ein falsches Bewusstsein auferlegt: Sie hat dich schon immer wie ein kleines Mädchen behandelt. Den Mann wollte sie aus dir herausziehen, und siehe: Sie hat es geschafft! Wo waren diese sogenannten Transgender über all die Jahrtausende? – Stimmt, es gab keine Verhütungsmittel, Geschlechtsangleichung, Hormontherapien, Pubertätsblocker und Genderstudien.

MICHEL   Lass meine Mutter aus dem Spiel. Sie ist nicht intolerant, sie akzeptiert meine Entscheidungen.

ONKEL   Sie hat dich zu dem gemacht, was du nun bist: Ein Naturleugner und Vernunftscheuer! Deine Schwester darf alles machen und du bist der Gezüchtigte, ist es nicht so?

MICHEL   Maike ist mir egal.

ONKEL   Deine Mutter ist krank im Kopf; sie, mit ihren faschistoiden feministischen Selbstbetrügereien – und wenn es nur beim Selbstbetrug geblieben wäre, sie musste aber euch Kinder vergiften! Früher wurden Jungen zu Männer und Mädchen zu Frauen erzogen, ihren Naturanlagen entsprechend. Heute kastrieren sie die Männer, damit die Emanzipation gewährleistet werden kann.

MICHEL   Du bist nicht nur transphob und homophob, sondern auch noch ein Misogyn!

ONKEL   Billige Stigmata! Nur Kleingeister arbeiten mit Stigmata. Anstelle von Gegenargumenten wird abgestempelt – so soll es sein: Wenn mir die Wahrheit den Ruf eines

ADOLESZENZ

Frauenfeindes einbringt, so bin ich gern ein Frauenfeind. Die künftigen Generationen werden diese Lügen und Irrlehren brechen.

MICHEL Ich gehe nun, Onkel. Ich will, dass du weißt, dass ich keinen weiteren Kontakt zu dir möchte. Und was ich dir zum Schluss sagen möchte, ist, dass ich bisexuell bin. Das solltest du noch wissen.

ONKEL Die Schuld deines Irrwegs liegt nicht bei dir, Michel. Von solch Besessenheit Getriebene, wie deine Mutter, oder schwächliche Männer, wie es dein Vater ist, sind für das Verderben ihrer Kinder und Generation verantwortlich.

Michel verabschiedet sich von seinem Onkel und bittet ihn darum, ihn nie wieder zu kontaktieren. Der Onkel ruft alsbald Maike an, sie sagt einem Treffen zu, doch als Michel sie später aufsucht, wendet sie sich gleichfalls vom Onkel ab. Michel beteuert ihr, dass der Onkel mit schlechten Absichten sie aufsuchen würde und sogleich konnte sie umgestimmt werden. Die Zeit verstreicht um wenige Jahre. Michel hat schlechte Nachrichten für seinen Vater.

MICHEL (fiebrig) Vater, ich muss dich sprechen, es ist wichtig.

VATER Michel, was ist geschehen?

MICHEL Maike, ihr Freund hat sie geschlagen!

VATER (aufgebracht) Wo ist sie jetzt?

MICHEL Zuhause, komm bitte schnell her!

ADOLESZENZ

Der Vater hastet zum Hause seiner Kinder, doch die Mutter lässt ihn nicht herein. Stattdessen macht sie ihm Vorwürfe.

MUTTER   Siehst du, deine Tochter wurde geschlagen! Ihr Männer seid doch alle gleich!

VATER   Bertha, wo ist Maike? Lass mich sie sehen.

MUTTER   Nein, du kommst mir nicht ins Haus! Du bringst nur Unglück über uns.

VATER   Bitte, Bertha… Es geht um Maike, sie braucht mich jetzt.

MICHEL   Mutter, lass ihn doch herein.

MUTTER   Schweig, Michel! Geh in dein Zimmer, los!

Michel geht abrupt in sein Zimmer.

VATER   Sei doch vernünftig, sie braucht jetzt jede Hilfe. Habt ihr die Polizei verständigt?

MUTTER   Bestimmt hast du Maike manipuliert, oder weshalb sonst wurde ihr Leid angetan!

VATER   Nichts dergleichen. Ich wusste auch nichts davon, bis mich Michel anrief.

ADOLESZENZ

Die Mutter lässt ihn nicht ins Haus, sodass er seine Tochter anruft und sie nach draußen bittet. Maike rennt weinend in die Arme ihres Vaters.

MAIKE (jaulend)　　　　　Papa, Papa…

VATER　　　　　　　　　Oh, mein armes Kind. War das dieser
Tim?

MAIKE　　　　　　　　　Nein, Papa. Er heißt Robin. Bitte,
schlag ihn für mich.

VATER　　　　　　　　　Ihn schlagen? Das kann ich nicht,
Maike.

MAIKE　　　　　　　　　Tu ihm das an, was er mir angetan hat;
ich bin deine einzige Tochter, Papa. Bitte, bitte – schlag ihn und rä-
che mich.

VATER　　　　　　　　　Ich kann das nicht. Wir können die Polizei einschalten, mehr kann ich aber nicht tun.

Die Polizei kommt, Maike wird in Begleitung der Mutter ins Krankenhaus gebracht. Was aber Maike verschwiegen hat, kommt durch Michel ans Tageslicht: Der Grund des Schlagens seitens des Freundes war die verheimlichte Schwangerschaft Maikes und die eigensinnige Abtreibung des potenziellen Kindes. Der Vater kommt zur Besinnung, da er Verständnis für die Handlung des Freundes zeigt. Er sucht den Freund auf und spricht mit ihm.

ADOLESZENZ

VATER   Hallo, Robin. Kann ich dich bitte kurz sprechen?

ROBIN   Ich und Maike sind nicht mehr zusammen. Sie sollten mich in Ruhe lassen.

VATER   Das weiß ich, Robin. Verstehe mich, bitte, ich bin ihr Vater und möchte um ihretwillen mit dir sprechen. Danach werde ich dich in Ruhe lassen, versprochen.

ROBIN   Also gut, aber nur einmalig.

VATER   Es tut mir leid, was zwischen euch geschehen ist und irgendwo kann ich sogar deine Reaktion nachvollziehen. Sei aber eingedenk, dass sie erst 15 Jahre alt und noch nicht reif für die Mutterschaft ist.

ROBIN   Ach, für Geschlechtsverkehr ist sie aber reif genug, ja? Ich wäre dem Kind ein guter Vater gewesen. Sie hat die Abtreibung ohne mein Einverständnis, sogar ohne mein Wissen, vollzogen. Ist nur ihr Wille entscheidend, hat sie nicht auch mein Kind ermordet?

VATER   Vatersein ist nicht leicht, Robin. Vatersein bedeutet, dass man eine hohe Bürde zu tragen hat, 24/7 funktionieren muss und der eigenen Freiheiten beraubt wird. Du und Maike seid viel zu jung für solche Dinge. Ihr beide werdet es in einigen wenigen Jahren rechtfinden, dass Maike diese Last sich und dir erspart hat.

ROBIN   Ich wurde betrogen, guter Herr. Und dies nicht nur einmal. Sie hat mich mit ihrem besten Freund betrogen, das gestand sie mir in einer Sprachnachricht. Außerdem hat sie oft Drogen und Alkohol eingenommen. Ich habe versucht, sie davon

ADOLESZENZ

abzubringen, doch sie wollte sich nichts sagen lassen. Als ich sie geschlagen habe, habe ich kein Mitleid für sie empfunden. Dieses Mädchen ist verdorben, guter Herr. Immerhin bin ich sie für immer los und das ist mein einziger Trost für den Moment.

VATER Ich verstehe deine Wut. Eure Wege trennen sich und du solltest aus deinen Erfahrungen lernen, Robin. Sag mir bitte, nahm Maike oft Drogen?

ROBIN Sie nahm die Drogen in meiner Abwesenheit. Sie hat es mir verheimlicht. Freunde von mir haben sie gesehen, während sie mit dubiosen Typen unterwegs war. Ihre Lügen und Ausreden wurden auch immer häufiger, Geld wollte sie auch ständig, nur wofür es gedacht war, sagte sie mir nicht. Anfangs wollte sie, dass ich auch Drogen nehme, doch ich habe dem nicht zugestimmt. Naja, nun ist sie nicht mehr mein Problem. Ich wünsche Ihnen alles Gute, Herr Mayer.

Im Krankenhaus spricht die Mutter auf ihre Tochter ein.

MUTTER Alles wird gut, Maike. Das Schlimmste ist überstanden. Was hat dein jämmerlicher Vater zu dir gesagt?

MAIKE Ich bat ihn, dass er mich vergelte, doch er lehnte ab. Stattdessen hat er die Polizei gerufen.

MUTTER Wundert dich das? – Dein Vater war schon immer schwächlich. Es ist eben seine Wesensart. Ich sollte diesen Jungen schlagen, immerhin habe ich mehr Grips als dein kläglicher Versagervater! Auf ihn war noch nie Verlass – merke, Maike: Auf Männer kann man sich niemals verlassen. Wenn nicht einmal

ADOLESZENZ

dein eigener Vater dazu fähig ist, dich zu beschützen, und das, obwohl er dich in diesem Zustand gesehen hat, was könnte ein anderer Mann für dich tun?

MAIKE　　　　　　　　Er wollte mir helfen, Mutter. Vielleicht nicht auf die Art, die ich mir wünschte, doch aber in seinem eigenen Ermessen.

MUTTER　　　　　　　Ja, ohne Konsequenzen, wie wir sehen. Lass dir von dem nichts einreden, Maike. Vertraue immer auf dich selbst. Männer betrachten uns Frauen als minderwertig, deshalb darfst du in ihrer Gegenwart keine Schwäche zeigen. Sieh mich an, ich habe alle Männer dominieren können; mein jetziger Mann ist mir ebenfalls Untertan, du siehst es ja selbst. Du sollst eines niemals vergessen, Maike: Wenn du als Frau nicht selbstständig und sogar einen Tick trotzig bist, dann werden diese Männer ihre Krallen in dich einschlagen; zuerst lesen sie dir jeden Wunsch von den Lippen ab, zählen dich zur Besten und Unvergleichlichen, sobald du aber Gefühle für sie entwickelst und ihrer bedürftig bist, werden sie dich zur Bediensteten machen. So sind die Männer. Der Jagdinstinkt in ihnen währt nur solange sie uns erobern können, kaum haben sie ihr Ziel erreicht, verfällt ihr Interesse und sie bestimmen über uns und glauben, dass wir ihr Besitz seien. Sie sagen, dass wir Frauen die List beherrschen, doch sie sind die wahren Betrüger, und das, ohne es zu wissen. Sie sagen, wir seien wankelmütig, doch ihre Launen sind gewalterzeugend. Niemals darfst du dich einem Mann hergeben, du musst über sie herrschen, ob es auf der Arbeit, im Freien oder Zuhause ist – überall musst du die Bestimmende sein.

MAIKE　　　　　　　　Vater hat sehr gute Seiten, Mutter. Hat er dich denn jemals geschlagen, betrogen oder vernachlässigt?

MUTTER　　　　　　　Das hätte er, liebes Kind – sei sicher. Wenn ich wie die Liebesdürftigen naiv und gutgläubig gewesen

ADOLESZENZ

wäre, so hätte auch dein Vater mich drangsaliert. Ich habe gesiegt, Maike. Willst du weiterhin gepeinigt werden, so wie du jetzt gepeinigt wurdest? – Ist dir dein Freund keine Lektion gewesen? Mit mir hätte er das nicht machen können; kein Mann der Welt hätte mich in diesen Zustand bringen können. Du musst noch viel lernen.

MAIKE			Vater ist gütig, er würde mir niemals etwas antun. Michel hat er auch immer akzeptiert. Ich kenne viele, die Michels Art niemals akzeptiert hätten, doch Vater hatte genug Liebe übrig. Du solltest ihn nicht kränken, Mutter.

MUTTER			Rede ich hier umsonst? Was habe ich dir gerade alles erzählt und du wagst es, mich zu belehren? Dir wird es noch oft so ergehen, wie auch jetzt. Aber deine Mutter ist bei dir, Maike. Ich bin eine starke und selbstbewusste Frau. Das kriegen wir hin. Ich lasse nicht zu, dass ein Primat dir jemals wieder etwas antun wird.

MAIKE			Ich habe abgetrieben und deshalb hat mich Robin geschlagen... Grundlos hat er mir all das nicht angetan.

MUTTER			Kein Grund der Welt ist berechtigt genug, um eine Frau schlagen zu können – selbst eine Abtreibung nicht. Es ist unser Körper und wir entscheiden darüber. Hättest du das Kind auf die Welt gebracht, so hätte er dich verlassen, sei dir dessen sicher.

MAIKE			Das wissen wir nicht.

MUTTER			Doch, das wissen wir, und du weißt es auch! Männer sind alle gleich.

MAIKE			Glaubst du, dass Michel auch gewaltfähig wäre?

ADOLESZENZ

MUTTER   Michel? – Er nicht. Ich habe ihn erzogen und ich habe seine Friedfertigkeit garantiert. Wenn doch jedes Kind meinen feministischen Erziehungsmethoden unterworfen wäre, so wäre diese Welt von aller Gewalttat befreit.

MAIKE   Warum hast du Vater nicht ins Haus gelassen?

MUTTER   Er würde die Gunst der Stunde nutzen, um seine Spielchen zu spielen. Glaubst du, ich lasse mich ums Ohr hauen? Dein nichtsnutziger Vater hätte dich mir aus den Händen geraubt.

MAIKE   Vater mischt sich auch sonst nicht in mein Leben ein, was könnte er denn anders machen?

MUTTER   Sich an mir rächen! Er würde euch umwerben, damit er mir schaden könne – das lasse ich niemals zu! Ein verletzter Stolz ist rachsüchtig. Stur in den Überzeugungen muss man sein. Offenheit ist Selbstentwertung.

Der Vater trennt sich vom ehemaligen Freund und sucht betrübt seine Tochter auf und stellt sie zur Rede.

VATER   Maike, möchtest du mir etwas über Drogen und Alkohol erzählen?

MAIKE   Ich wurde misshandelt und du fragst mich nach irgendwelchen Sachen!

ADOLESZENZ

VATER   Wenn du ein Drogenproblem hast,
dann wird diese Lasterhaftigkeit dir weiterhin anhaften und Schlim-
meres verursachen, Maike. Wir müssen dieses Problem beseitigen.

MAIKE   Hat mich Michel wieder einmal ver-
petzt?

VATER   Nein, Michel war es nicht. Stehst du
dazu?

MAIKE   Das tue ich. Es ist mein Leben.

VATER   Maike, was machst du für Sachen…
Weißt du denn nicht, was Drogen mit dir anstellen?

MAIKE   Ich will das nicht hören. Spar dir deine
Belehrungen. Du warst jahrelang nicht für mich da und jetzt spielst
du den Superdaddy.

VATER   Deine Mutter hat mich verlassen, das
habe ich dir bereits gesagt! Ich habe nur die Wochenenden für euch
gehabt und ich habe sie niemals versäumt! Drogen nehmen dir mehr
weg, als sie dir geben könnten. Die Lustbarkeiten machen abhängig
und du verlierst die Lebenskontrolle, deine Zukunft, verlierst dein
ganzes Geld, deine Familie und Freunde….

MAIKE   Ich will das nicht hören – es ist mein
Leben und ich kann machen, was ich will.

VATER   Auch abtreiben?

MAIKE   Ja, auch das. Das geht dich nichts an!
Misch dich nicht in mein Leben ein.

ADOLESZENZ

VATER   Du bist nicht einmal volljährig, lebst bei deiner Mutter und kannst dich nicht einmal um dich selbst sorgen; wenn ich nicht in dein Leben einwirke, um dich auf den rechten Weg zu bringen, wer soll es dann? All die Jahre hat eure Mutter über euch bestimmt, meinen Willen ausgrenzend, und nun seh ich dich leiden, Maike. Willst du die helfende Hand ablehnen?

MAIKE   Ich brauche keine Hilfe, weder von dir noch von Mutter. Geh jetzt, bitte.

Der entmutigte Vater geht auf die Forderung seiner Tochter ein. Er weiß nicht mehr weiter. Laura erfährt von den Geschehnissen und berichtet sie ihrem Vater, dieser wiederum sucht Michels Vater auf.

ONKEL   Bernd, ich hörte von den letzten Geschehnissen... Kann ich euch behilflich sein?

VATER   Hallo, Thomas. Wenn du mich nicht erneut beleidigen wirst, so wäre ich dir für deine Hilfe dankbar.

ONKEL   Dieser Freund, der Maike geschlagen hat, wo wohnt er?

VATER   Lass diesen Jungen, Thomas. Maike hat ohne sein Wissen abgetrieben und er war aufgrund dessen wütig mit ihr. Ich habe ihn gesprochen und ich sage dir, dass nicht er die Ursache ist, sondern die Taten von Maike. Maike nimmt Drogen und Alkohol, Michel hat skurrile Neigungen. Ich weiß nicht, was ich machen soll...

ADOLESZENZ

ONKEL   Das letzte Mal als ich Michel sprach, ist
das Gespräch zwischen uns ausgeartet. Bertha hat diese Kinder verdorben. Der Umgang der Frauen mit Kindern muss immer durch einen Mann geregelt und gezügelt werden, ansonsten verderben sie,
und mein Neffe und meine Nichte beweisen dies. Ein Junge muss
sich am Ausgang der Kindheit von der Mutter distanzieren, damit er
nicht ihre Eigenschaften übernimmt. Ein Mädchen hingegen muss
während der Pubertät eingeschränkt und zur Sittsamkeit erzogen
werden, da Mädchen immer als Beute betrachtet werden. Kinder in
der Pubertät werden von ihrer Triebnatur eingenommen und sie in
dieser Phase zur Selbstbestimmung zu drängen, ist bereits hinlänglich, um das Verderben zu billigen. Diese Weisheiten sind jedoch im
Falle deiner Kinder nicht mehr von Belang. Jetzt heißt es retten, was
noch zu retten ist.

VATER   Aber wie? Maike hört nicht auf mich,
Michel ist ebenfalls abweisend. Sie beschuldigen mich, dass ich nicht
für sie da war, doch was kann ich dafür? Ich habe alles getan, was in
meiner Macht stand, soweit, dass ich mehr Freund als Vater war...
Vielleicht sollten wir das Jugendamt aufsuchen und dafür sorgen,
dass die Kinder der Bertha entzogen werden. Was meinst du?

ONKEL   Nicht das Jugendamt, Bernd. Dies wird
zum Bruch mit Bertha, aber auch mit dir führen. Sie dürfen sich nicht
als abgewiesene Sonderfälle wiederfinden.

VATER   Was dann?

ONKEL   Ich weiß es selbst nicht.

VATER   Maike hat eine Abtreibung hinter sich,
sie wird jetzt Beistand nötig haben. Ich werde sie weiterhin unterstützen. Wenn ich doch nur die Kinder zu mir holen könnte...

ADOLESZENZ

ONKEL   Dein Ex-Weib lässt das nicht zu. Mit den Kindern wegzuziehen wäre vielleicht das Sinnvollste.

VATER   Das stimmt. Ein Neuanfang… Soll ich versuchen sie zu überreden?

ONKEL`   Kannst du versuchen, doch fruchten wird es nicht. Die Kinder sind die freiheitliche Willkür gewohnt und werden sie sich nicht mehr abgewöhnen lassen. Man hätte sie von Anfang an einschränken müssen, selbst über die Pubertät hinaus.

VATER   Hätte, hätte – Einsichten helfen nicht mehr.

ONKEL   Wärst du ein Mann gewesen und hättest dein Weib gezügelt, so bedürfte es nicht einmal der Einsichten. Ablehnung, Entmachtung, Reue und Selbstklage werden deine Strafen sein, Bernd. Gib dein Bestes, Bruder. Es sind deine Kinder und deine Versäumnisse; tu, was du für richtig hältst.

Ratlos und unbeholfen sieht der Vater zu, wie seine Kinder eigensinnig ausschweifen. Er spielt weiterhin den liebevollen und zuvorkommenden Vater, spielt ihnen Güte und Herzlichkeit vor, ohne dabei die strenge Erziehung zukommen zu lassen, aus Angst, dass ihn seine Kinder abweisen könnten. Wie sich die Kinder auch darstellen, der Vater zeigt sich in allem verständnisvoll und unterstützt sie bei ihren Entscheidungen. Die einäugige Behandlung des Vaters kann zwar die Kinder an ihn binden, doch wird der Vater immer nur aufgesucht, wenn die Kinder Wünsche haben, oder Fehltaten melden, damit der Vater als helfende Hand gelten kann. Die Fehltaten häufen sich mehr und mehr: Michel wird zum Transgender, Maike zum Mannweib mit lasterhaften Neigungen. Die

ADOLESZENZ

Jahre schwinden dahin. Inzwischen sind Michel und Maike ausgezogen; die Familie ist gänzlich entzweit, doch eines Tages liegt die Großmutter im Sterbebett und ihr Erbe soll verkündet werden. Es kommt zum Wiedersehen der einstigen Familieneinheit: Vater, Mutter, Onkel, Laura, Michel und Maike sind anwesend.

GROSSJÄHRIGKEIT

Die Erben werden zeitgleich vom Anwalt der Großmutter empfangen und müssen in einem Vorraum verweilen, bis sie von der Großmutter beordert werden. Michel kommt im Frauenkleid, der Onkel ist empört und doch schweigt er zunächst. Der Raum ist gespalten: Auf der einen Seite Mutter, Michel und Maike, auf der anderen Seite die Restlichen. Die Mutter drängt den Anwalt dazu, die Prozedur der Erbanteilsverkündung schnellstens abzuschließen, entgegen diszipliniert der Anwalt alle Beteiligten, als er sieht, dass sich Maßlosigkeit anbahnt. Die Großmutter hat nicht die gewohnte Formalität der Erbverkündung im Sinn, sondern stellt zur Erbverteilung Bedingungen, die sie durch Erfragen der Umstände und Gedankenprägung, sowie den Reaktionen aus dem Gespräch vor Ort bestimmen will.

An ihrem Sterbebett liegend, bittet die Großmutter alle ins Zimmer. Kaum betreten die erwartungsvollen Erben das Zimmer der Sterbenden, verkörpern sie die angewandelt-scheindienliche Gefälligkeit. Nur der Onkel bleibt sich treu.

GROSSMUTTER   Wie schön, dass ihr alle gekommen seid. Wie ihr alle wisst, steht das Erbe, das euch zuteilwerden soll, als Grund für unser aller Zusammentreffen, an. Es ist bedauerlich, dass ihr euch erst zu solch einem Anlass zusammentun und auch überredenlassen konntet, wo doch die Jahre genug an Möglichkeiten boten, um die alten Streitigkeiten abzulegen und euch miteinander zu versöhnen. Aber alles Irdische ist eitel. Ich bin mir bewusst, dass ihr alle untereinander verstritten seid, doch will ich euch verständlich machen, dass im Falle einer Eskalation der Verursacher aus dem Erbe ausgeschlossen wird, deshalb rate ich euch zur Besinnung. Das ist aber nicht alles: Ich weiß genauestens, dass ihr nicht meinetwillen, oder einer alten sterbenden Frau zuliebe hier seid, es geht

GROSSJÄHRIGKEIT

euch nur um das anstehende Erbe, und ich weiß, dass Schmeicheleien und Verstellung eure Begleiter sind, doch des Theaterspiels und der Deklamation bedarf es nicht, meine lieben Kinder.
Die letzten Jahre, in denen ihr mich abwieset, verschmähtet und nicht einmal andachtet, sprechen für sich. Nun steht ihr allesamt vor mir und wollt euren Anteil an meinem vererbten und ersparten Gut. Ich habe allen Grund dazu, um euch das Erbe zu verwehren, und jeder noch so Bedürftige im Lande wäre aller Güter mehr wert, als ihr es seid. Doch will ich meinen Pflichten nachkommen, so wie es mein Vater mit mir getan hat. Ich werde meinen undankbaren Kindern und Enkeln eine letztmalige Chance geben, sich zu bewähren...

Stimmen erheben sich und die Einwände sind um die selbstorientierte Verneinung der Worte der Großmutter ausgelegt, doch die Großmutter bringt sie alle zum Schweigen.

GROSSMUTTER In meinen letzten Lebensstunden will ich von allen Beteiligten den Respekt, der mir als die Oberste in dieser Familie gebührt. Die Tradition will, dass das Alter geschätzt wird, wo doch ihr vom Wege abgeirrt seid, werdet ihr dennoch mit der Sittlichkeit durch mich konfrontiert sein. Meine letzten Kräfte will ich jenen widmen, die mir ihre Zeit und Kraft ersparten. Ich bin mir deutlich bewusst, wie viele Lügen am heutigen Tage zweckdienlich ausgesprochen werden, doch wisset: Wenn ich die erste Lüge wittere, ist diese Person aus dem Erbanteil verstoßen. Das Testament, das ich bereits endverfasst und wirkbar hinterlassen habe, ist in sicheren Händen und für einen wohltätigen Zweck bestimmt, macht euch also keine Hoffnungen, dass ich dahinscheide und ihr einen Toten umgehen könntet – dies sei den Toren nicht vergönnt. Euer Erbanteil ist nicht gleichaufgeteilt, sondern ich habe mir vorgenommen, das Erbe dem Wohlverdienten unter euch zu übergeben, dem einen

GROßJÄHRIGKEIT

mehr, dem anderen weniger, sofern die Bedingungen erfüllt werden: Um euch ein Anteil sichern zu können, müsst ihr mich nicht betrügen, indem ihr euer bisheriges Leben verleugnet und euch besser darstellt als ihr seid. Gewiss ist der Mensch ein Sünder und ich bin es nicht, der euch eure Sünden vergeben kann. Die Tatsache aber, dass ihr des Geldes willen hier seid, und das auch ohne jegliche Gewissensbisse, wird mir keinen Seelenfrieden bescheren; demnach will ich eure Aufrichtigkeit, auch wenn es nur in diesem Moment gültig währt, als Prüfstein gelten lassen. Ich werde euch meine Bedingungen verkünden und wer mit diesen nicht konform ist, kann nun aufstehen und gehen. Möchte dies jemand?

Keiner antwortet.

GROßMUTTER   Dachte ich's mir. Wie bereits erwähnt, wird nicht gelogen. Nur einer wird sprechen und die anderen werden respektvoll zuhören – spricht einer dazwischen, so ist er augenblicklich ausgeschieden. Ich werde das Wortrecht jedem zuteilwerden lassen, ihr müsst nur eure Hand heben und euch kenntlich zeigen, falls ihr Einwände haben solltet. Solange die Wahrheit ausgesprochen wird, kann sich jeder frei äußern. Die Wahrheit wird nicht verurteilt. Verhaltet euch wie an allen Tagen; verstellt euch nicht, äußert Kritik auch an mir. Erhebet aber eure Stimme nicht. Der Respekt soll nicht weichen. Meine Fragen müsst ihr beantworten und dürft die Antworten nicht mit Ausreden oder Aussparung füllen. Ihr müsst euch nicht für meine Belehrungen interessiert zeigen, doch zuhören werdet ihr und auch aussprechen, was euch missfällt. Es ist nicht nur der Mund der spricht, sondern auch der Körper – das falsche Spiel wird schnell verflogen sein. Soweit verständlich?

GROßJÄHRIGKEIT

Alle sind einverstanden.

GROßMUTTER   Ich möchte mit den Kindern beginnen, denn sie sind die Aufrichtigsten unter euch. Michel, mein Kind: Warum hast du ein Frauenkleid an?

MICHEL   Ich bin ein Transgender, Oma. Ich bin kein Mann, ich bin eine Transfrau. Mein Name ist Michaela, ich möchte, dass du mich mit diesem Namen ansprichst.

GROßMUTTER   Als du auf die Welt kamst, Michel, wusste jeder von uns, dass du ein Junge seiest. Der Arzt hatte dein Geschlecht bereits voraussehen können, als du im Mutterleib warst. Deine Geburt hat dies bestätigt. Wie kommst du darauf, dass du plötzlich eine Frau bist, wenn du doch kein Selbstbewusstsein als Kind hattest, Außenstehende aber von deinem Geschlecht wussten?

MICHEL   Oma, du bist alt und unbelehrbar, deshalb will ich dich nicht in deinem Sterbemoment kränken. Wenn du nicht auf Wegen wärst, so würde ich dieses Haus verlassen. Jeder spricht mich mit meinem neuen Namen an. Es ist mein Recht und wird auch gesetzlich bestraft, sich dem zu widersetzen. In meiner Geburtsurkunde wird bezeugt, dass ich weiblich bin und Michaela heiße. Auf meinem Personalausweis steht es gleichfalls drauf.

GROßMUTTER   Michel, das sind Setzungen. Formalitäten – jeder kann auf ein Blatt Papier irgendetwas hinschreiben oder umschreiben, dadurch ändert sich doch nicht das Wesentliche! Du hast das alles verändern lassen, einzig und allein du!

MICHEL   Ja, ich war es, Oma. Es ist mein Leben und ich entscheide mich zu dieser Lebensart.

GROẞJÄHRIGKEIT

GROẞMUTTER   Bist du glücklich, mit dem was du tust?

MICHEL   Nicht ganz, eines fehlt noch.

GROẞMUTTER   Was ist es, das fehlt?

MICHEL   Ich werde mir eine Vagina anbringen lassen. Brüste habe ich bereits. Die Terminierung zur Geschlechtsanpassung ist bereits festgesetzt.

GROẞMUTTER   Du hast also Brüste. Hast du sie von einer anderen Frau bekommen?

MICHEL   Nein. Es sind Silikon-Implantate.

GROẞMUTTER   Silikon also. Woraus werden die hergestellt, weißt du das?

MICHEL   Irgendwas mit Silicium...

GROẞMUTTER   Also etwas Künstliches?

MICHEL   Ich bin eine Frau, Oma. Das muss jeder akzeptieren! Es steht unter Strafe, dies nicht zu akzeptieren!

GROẞMUTTER   Ich bin nicht mehr zum Bestraftwerden fähig, Michel. Sag mir, ob du dir bewusst bist, dass die Brüste, die du dir anbringen lassen hast, künstlich sind?

MICHEL   Ich bin eine Frau, das musst du akzeptieren!

GROẞMUTTER   Du antwortest mir nicht, doch ich merke, dass ich dich nicht zur Wahrheit zwingen kann, denn würde ich es können, so wärst du von dir aus nicht in diesem Zustand, mein Enkel. Für die Realität bist du nicht zugänglich. Die Krankheit zum

GROßJÄHRIGKEIT

Tode. Bei dir will ich eine Ausnahme machen und deine Worte gelten lassen. Wann kam die Entscheidung zum Geschlechtswechsel?

MICHEL   Das war in jüngeren Jahren. Ich hatte eine beste Freundin, die Pangender war; wir waren in einer Kundgebung, indem die Geschlechtsfrage aufgearbeitet wurde, und während dieses Events hatte ich die Selbsteinkehr und wusste, dass ich zwar als Mann geboren bin, doch meine Denkart weiblich ist. Ich kenne sehr viele, die im falschen Körper steckten und transformierten, wie eine Raupe zum Schmetterling. Ich stecke ebenfalls im falschen Körper, doch das wird sich ändern.

GROßMUTTER   Die Pubertät kulminiert die Geschlechtsbestimmung, Michel – und dies geschieht ohne deinen Willenszuspruch; es ist unsere Natur und wir dürfen die Selbstbestimmung nicht wider die Natur setzen. Stell dir vor, Michel: Wenn ich mich in dem Alter, indem du dich zur Umkehr entschieden hast, auch dazu entschieden hätte, mein Geschlecht abzulegen oder umzuwerten, glaubst du, dass alle im Raum Anwesenden jetzt hier sein könnten?

MICHEL   Das weiß ich nicht.

GROßMUTTER   Du weißt es nicht? Ich bin doch deine Großmutter und dein Vater wurde von mir geboren, und du und deine Schwester seid durch ihn entstanden. Ist es nicht einleuchtend? Dein Geschlechtsorgan, das du noch hast, kann dir Kinder bescheren, doch die Brustimplantate, können sie Milch produzieren?

MICHEL   Vielleicht irgendwann mal.

GROßMUTTER   Also glaubst du auch, dass du mit deiner neuen Vagina Kinder zeugen könntest?

MICHEL   Möglich ist es.

GROßJÄHRIGKEIT

GROßMUTTER   Ich merke, das führt zu nichts… Die Besonderheit einer Frau ist nicht nur die Oberflächlichkeit, sondern mehr die innewohnenden Eigenschaften. Du kannst eine Frau zwar oberflächlich nachahmen, doch was in ihr vorgeht – das wirst du niemals verstehen können! Frauen sind emotionaler als Männer, das ist eine Besonderheit, die für die Mutterschaftspflicht bestimmt ist. Ein Kind wäre ohne Muttergefühle aufgeschmissen und vielleicht nicht einmal überlebensfähig; die Zwecksetzung ist vom Schöpfer durchdacht und nicht dem Zufall überlassen! Die Geschlechtsorgane sind nur Mittel zum Zweck, für dich und deinesgleichen sind sie jedoch der Zweck ohne Unmittelbarkeit zur Funktionalität – alles nur Imitation. Michel, du sagtest, dass jeder dich als Michaela ruft: Auch alle die hier im Raum sind?

MICHEL   Nein. Onkel und Laura nennen mich nicht so, deshalb rede ich nicht mit ihnen. Auch wenn du meine Oma bist, möchte ich nicht, dass du dich transphobisch äußerst.

GROßMUTTER   Hast du dir ihre Gründe angehört, weshalb sie dich nicht als Michaela betiteln wollen? Das ist keine Transphobie, oder wie du es auch nennen magst, das ist die schlichte Wahrheit, Michel. Die Naturgesetze richten das Sein, unabhängig davon kann der Wille ohne Gesittung und Erziehung nicht wirkfähig sein; denn Wille bedarf des Bewusstseins und das Bewusstsein wird durch Nachahmung gebildet.

MICHEL   Das ist meine Sache, ich muss mir ihre und auch die Gründe anderer nicht anhören. Die Gesellschaft hat allzu lange bestimmt, wer was ist. Diese Zeiten sind vorbei. Jeder kann das sein, was er sein möchte.

GROßMUTTER   Nur jene, die Minderwertigkeitskomplexe haben, beschuldigen die Gesellschaft; sie suchen Gründe für

GROßJÄHRIGKEIT

die Mängel am eigenen Leibe. Hast du jemals einen Menschen gesehen, der die Gesellschaft für seine eigene Dummheit verantwortlich gemacht hat? – Es sind immer nur körperliche oder äußere Angelegenheiten, die durch die Minderbeschenkten kritisiert werden, niemals geistige. Es macht wirklich keinen Sinn mit dir. (zum Onkel blickend) Thomas, mein Sohn. Sag mir, weshalb willst du ihn nicht mit seinem Wunschnamen ansprechen?

ONKEL   Mutter, ist es dein ernst? Willst du nun so etwas Schändliches von mir erpichten?

GROßMUTTER   Nein, ich will nur deine Beweggründe verstehen. Antworte mir, bitte.

ONKEL   Das sind Hirngespinste! Es gibt kein soziales Geschlecht und es gibt keine Transgender! Wenn ich eine Frau in einen Männer-Boxring stecke, dann wird sie dadurch dem Manne nicht ebenbürtig. Wenn es so etwas wie diese Abartigkeiten wirklich gebe, dann müsste der Wille allesentscheidend sein und sie bedürften keiner künstlichen Eingriffe wie Hormontherapien, Silikon- oder Botox-Implementationen etc. Am Körper wird gefuscht und letztendlich wird dieser verstümmelt. Doch der Bengel will es nicht verstehen: Ich habe ihm vor Jahren schon die Vernunft aufnötigen wollen, doch er wies mich gänzlich ab – bis zum heutigen Tag. Hätte er damals auf mich gehört, so wäre seine Verzweiflung nicht ausgereift und haftend. Sie ihn doch an: Schändlich und kränklich sitzt er da, mit einem Frauenkleid und verwünscht seine Wesensnatur. Ich weiß, dass er keine Frau ist. Ich weiß, zu welchen Fähigkeiten ihn Gott bestimmt hat – sieh doch, er kann dir nicht einmal vernünftige Antworten geben, stattdessen dogmatisiert er seine Irrtümer und determiniert seine Wunschart. So wie er nicht entscheidet, ob er auf die Welt kommen kann, so kann er sein Geschlecht auch nicht selbst bestimmen – sie leugnen die Naturgesetze, obwohl diese die treibende Kraft um die Erhaltung aller irdischen Spezies sind.

GROßJÄHRIGKEIT

GROßMUTTER Möchtest du darauf antworten, Michel?

MICHEL Onkel lebt im Mittelalter. Es macht keinen Sinn, um mit solchen Transphoben zu sprechen.

GROßMUTTER Bernd, während dein Bruder die Geschlechtsneuheit nicht akzeptiert, akzeptierst du sie, und wie ich sehe, bedingungslos. Was sind deine Beweggründe?

VATER Ich will ehrlich sein und deinem letzten Wunsch alle Ehre erweisen, Mutter. Ich weiß, ich konnte mit dem Wort „Ehre" nie etwas anfangen, doch meiner Mutter ist nur diese Haltung galant-genug. Ich war über all die Jahre einsam und meine Kinder waren meine größte Sehnsucht. Als Bertha nichts mehr von mir wissen wollte, so hatte ich Angst, dass sie mir die Kinder entziehen könnte, daher habe ich Michel und Maike nichts entgegengebracht, das Grund zur Abneigung mir gegenüber sein könnte. Ich habe aus Angst gehandelt, Mutter. Ich hatte das Gefühl, dass ich sie in allem unterstützen müsste, um die Kinder gewohnt behalten zu können.

Michel meldet sich und möchte Einwände vorbringen.

MICHEL Michaela – so heiße ich, Vater!

VATER Nicht jetzt, Michel! Hier geht es nicht um dich. Es kann nicht immer um dich gehen. Respektiere die Älteren im Raum und vor allem deine Großmutter.

GROßMUTTER Also ging es bei allem mehr um dich, als um die Kinder, Bernd?

GROSSJÄHRIGKEIT

VATER   Was hätte ich denn machen sollen, Mutter? Versetz dich in meine Lage. Wenn die Kinder mich auch noch abgewiesen hätten, hätte ich noch Grund zu leben?

GROßMUTTER   Das Leben selbst ist grundgenug, um zu leben, Bernd. Aber ich verstehe dich. Menschliche Schwächen eben… (zur Mutter blickend) Was sagst du zu Michels Entscheidung, Bertha?

MUTTER   Es ist ihr Leben und sie muss ihre Entscheidungen für sich selbst treffen.

GROßMUTTER   Befürwortest du die Geschlechtsumwandlung?

MUTTER   Ja, wieso nicht? Sie schadet niemandem und obendrein ist sie glücklich mit sich selbst. Darauf kommt es doch an, oder? Michaela sagte mir, dass sie sich als Frau fühle und ich gab ihr von der ersten Stunde an meine Unterstützung. Wir leben schließlich nicht mehr im Mittelalter und die heutige Zeit spricht eine andere Sprache, als du es vielleicht gewohnt bist.

GROßMUTTER   Ich stamme nicht aus dem Mittelalter, liebe Bertha, auch wenn du es so betrachten mögest. Was ist mit dem Erbe, woran du ein Auge hast: Ist dir das Erbe nicht veraltet?

MUTTER   Ich verstehe nicht ganz?

GROßMUTTER   Als Erbinhalt werden auch die Häuser meines Vaters und seines Vaters mitgezählt, sind dir diese Erbhäuser nicht zu alt, oder willst du sie dennoch?

MUTTER   Wir können sie restaurieren und erneuern. Ist doch leichtgemacht.

GROSSJÄHRIGKEIT

GROSSMUTTER   Und wenn du sie restaurierst und er-
neuerst, hat das Haus keine Geschichte zu erzählen? – Glaubst du,
dass ein Anstrich und neue Möbel das Haus in der Wesenheit um-
werten könnten? – Glaubst du, dass die Erde, auf dem das Haus gebaut ist, sich auch restaurieren und erneuern lässt?

MUTTER   Um ehrlich zu sein, will ich keine Buß-
predigten hören. Aber da müssen wir nun einmal durch. Ich bin eine
starke Frau, liebe Matrone, und das hättest du auch sein sollen. Ich
habe mir niemals etwas von einem Mann gefallen lassen; viel zu lang
hat man meinesgleichen – und auch deinesgleichen, erniedrigt und
geknechtet. Mein Lebenswerk beweist, dass eine Frau emanzipiert
sein kann und Männer dominiert werden können. Daher machen
mir deine althergebrachten Sinnwendungen keinen Eindruck.

GROSSMUTTER   Verzeih, wenn ich dich missvergnüge,
liebe Bertha. Nennst du etwa das (!) „Lebenswerk"? Sieh dir doch
mal deinen Sohn an – ist dieser zaghafte und geistentraubte Junge
dein Sohn? Der Mann, den du deinem Wahn aufgeopfert hast, der
sich zum Sklaven seiner Kinder machte, anstatt wie es sich für einen
Mann von Ehre und Stolz gebührt, stark, wegweisend, aufschauend
zu sein – dies ist dein Werk, Bertha! Ich bin nicht weniger Frau als
du, und glaube mir, wir hatten es in unserer Zeit schwieriger als ihr
Heutigen es jemals haben könntet! Ich kannte Frauen, die 8 Kinder
großzogen und nichts dafür erwarteten, außer die Liebe und den
Respekt ihrer Kinder und die Aufmerksamkeit und Achtung ihrer
Gatten. Du, die sich starke Frau nennt, würdest zu unserer Zeit un-
tergehen, glaube mir; denn deinesgleichen hätte man zu unserer
Zeit schnell zum Schweigen gebracht.

MUTTER   Niemals! Nicht mit mir.

GROßJÄHRIGKEIT

GROßMUTTER   Oh, doch – mit dir! Zu meiner Zeit gab es die Ehepflicht, heutzutage wird sie mit Vergewaltigung in Verbindung gebracht: Glaubst du, dass wenn dein Mann sich eigenmächtig und ohne dein Einverständnis auf dich gemacht hätte, hättest du dich eigenhändig befreien, oder gar von Gesetz und Volk beschützt werden können? Wir haben all diese Rechte, die euch gewährt wurden, verdient – ihr seid nur die Nutznießer unserer aufopferungsvollen Willensstärke. Es ist leicht, sich innerhalb aller Schutzmaßnahmen äußern zu können, gleicht einem Kind, der sich neben seinem Vater stark fühlt; doch was wärd ihr ohne die strafenden Gesetze, die alle Männermünder- und Hände zur Ohnmacht zwingen? Unsere Ehemänner waren es, die uns beschützten und vor den Nachbarsaugen unser Wert steigerten; sie waren unsere Vorreiter in der Gefahr, die Gewährleistung unseres Hauses und Brotes, die starke Schulter, an die wir uns anlehnen konnten – Männer, die Ehre und Stolz vorleben mussten und nicht einmal weichen durften, damit sie als prinzipienvolle Männer Achtung fanden. Glaubst du, dass nur Frauenarbeit aufwendig war? – Mein Mann kam stinkend und ausgezehrt nachhause, erdrückt von der Arbeit, durfte die Arbeit unter keinen Umständen kündigen und musste für Kosten und Bedarf die volle Verantwortung tragen. Mit welchem Recht könnte ich ihm das alles abstreiten?

MUTTER   Verschon mich bitte mit deinen Klageliedern. Mein Vater war ein Alkoholiker und Spieler, und als ob dies nicht genügen würde, hat er gleichfalls meine Brüder verführt und sich selbst gleichgemacht. Sie waren die Herren im Hause, voller Stolz und Obrigkeit, während wir Frauen ihnen nachrennen mussten, wenn sie etwas wünschten, routiniert Bett und Tisch richteten, Wäsche machten, und sie lagen faul auf der Couch und sahen sich Filme und Nachrichten an; und rausgehen durften sie, wann und wie sie wollten, während wir zuhause die Artigen spielen mussten. Wie oft habe ich meine Mutter weinen sehen? Meine Brüder durften

GROSSJÄHRIGKEIT

Freundinnen haben, doch ich musste keusch und tugendhaft sein. Meine Brüder waren der ganze Stolz meines Vaters und mir gab er das Gefühl, als sei ich zweitrangig. Morgens kam er nachhause, betrunken und pleite, und meine Mutter hatte uns Kinder allein gestemmt. Sie war uns Vater und Mutter zugleich...

Der Onkel hebt die Hand und möchte das Wort ergreifen. Die Großmutter stimmt dem zu.

ONKEL   Bertha, deine Motive sind verständlich, und ich gestehe, dass auch ich die Neigungen deines Vaters und deiner Brüder unangebracht finde, doch frage ich mich, weshalb du nur auf das Gegenteil, also das, was du erlebt hast, fixiert bist, als dich für den pragmatischen Weg zu entscheiden?

MUTTER   Was verstehst du schon, du Frauenfeind! Dich hat niemand nach deiner Meinung gefragt!

ONKEL   Du preist die Taten deiner Mutter, sagst, dass sie Mutter und Vater zugleich war – diese Ausprägung der Selbstlosigkeit und des Pflichtbewusstseins ist eine Naturgabe der Frau. Das Ehrgefühl eines Mannes spiegelt sich als Sittlichkeit einer Frau wider.

Die Großmutter merkt schnell, dass ein Streit aufkeimt, doch sie belehrt beide, vernünftig miteinander zu sprechen. Beide sagen dem Willen der Großmutter zu.

GROßJÄHRIGKEIT

MUTTER   Der todgeweihten Großmutter zuliebe will ich letztmalig mit dir diskutieren, Thomas. Sag, was du zu sagen hast, denn eine zweite Chance wird sich dir niemals wieder ergeben.

ONKEL   Das weiß ich zu schätzen, liebe Bertha. Bei deiner Sturheit und Unempfänglichkeit bin ich mir absolut sicher, dass es zu keiner weiteren Gelegenheit kommen wird; wenn meine Mutter verstorben ist, so werden wir alle keinen Grund mehr zum Zusammenfinden haben. Sind es nicht die Mütter, die die Familie stützen und erhalten? Nun denn, wie ich bereits sagte, hättest du einen Mittelweg vom Erlebten und dem Vorhaben finden können. Wenn man Missstände aufheben will, indem man genau das Gegenteil macht, so löst man sich nicht vom Missstand, sondern belebt ihn einschließend weiter. Während du Michel und Maike deinen Erinnerungen entsprechend geformt hast, hast du die Erinnerungen zu Vater und Brüder immer beibehalten, und wenn ihre Gewohnheiten dir Verdruss bereitet haben, so hat auch der Gedanke an sie diesen Verdruss erneuert – diese Empfindung, die weithergeholt ist, hast du in allen Momenten reproduziert und auf die Kinder überladen.

MUTTER   Mir ist es egal, was so einer wie du denkt. Meine Methoden waren richtig – daran zweifle ich bis heute nicht.

ONKEL   Dein Sohn ist entartet, deine Tochter entwertet – meine Augen und mein Verstand täuschen mich nicht. Was hast du richtiggemacht, sag mal? Als Maike geschlagen wurde, konntest du sie retten, oder sie sich selbst? All deine Pläne und Gesetze im Hause konnten Maike nicht von ihrer Wesenheit befreien: Trotz des falschen Bewusstseins der starken und unabhängigen Frau, das du ihr auferlegt hast, wurde sie zum Opfer der Manneswillkür. Und Michel – der arme Michel: Was hast du nur aus ihm gemacht... Sieh doch, er sitzt vor uns wie eine Herzensdame,

GROßJÄHRIGKEIT

schwächlich und degeneriert – und mit Emphase verfälschst du auch noch dieses Verkommen. Deine Besessenheit hat diese Kinder belastet, Bertha.

MUTTER　　　　　　Mit Vorurteilen kommst du nicht weit, misogyner Thomas. Du hast Michaela und Maike seit Jahren nicht gesprochen, woher nimmst du dir das Recht, über sie urteilen zu dürfen? – Frag sie doch mal, ob sie glücklich mit sich selbst sind. Das ist das Entscheidende, und nicht das, was deine taktlosen Weltbilder bestätigt.

ONKEL　　　　　　Ein jener, der seine Naturbestimmung leugnet, ist bereits ein Selbsttäuscher, und die Selbsttäuschung wird auch das Glück vortäuschen. Ich weiß, wie es um solche steht: Nach außen zeigen sie sich überglücklich und selbstbestimmt und zuhause plagen sie sich; denn alles, wozu sie sich erklären, ist nichts, ohne die Zustimmung anderer. Michel wird niemals vollflächig akzeptiert werden und dies wird man ihn auch spüren lassen. Also erzähl mir nicht, was Glück bedeutet. Glück muss durch die natürliche Handlung entstehen und nicht durch die Künstlichkeit.

MUTTER　　　　　　Wenn Michaela sagt, dass sie glücklich ist, dann ist sie glücklich. Mehr gibt es nicht hinzuzufügen. Deine toxischen Männer-Interpretationen wirken bei uns nicht.

ONKEL　　　　　　Urteilen, ohne Begründung! Wie geht es eigentlich deinem neuen Freund – der wievielte ist es jetzt?

MUTTER　　　　　　Ihm geht es gut, und ich entscheide, wie viele Männer ich im Leben habe oder nicht habe. Wenn Männer viele Frauen haben, dann werden sie belobigt, wenn aber Frauen viele Männer haben, dann werden sie als Schlampen abgestempelt. Doppelmoral.

GROSSJÄHRIGKEIT

ONKEL   Mit Doppelmoral hat das nichts zu tun.
Weißt du warum? – Weil für Mann und Frau nicht die gleichen Voraussetzungen gelten, ganz einfach. Eine Frau kann schwanger werden, ein Mann nicht – benachteiligt sind immer die Frauen. Wenn eine Frau schwanger wird, dann klebt das Kind an ihr, und selbst wenn sie abtreibt, wird sie doch dadurch geprägt sein. Was passiert einem Mann? – Nichts, überhaupt nichts! Wenn Unzucht getrieben wird und die Ehe nicht gilt, so gilt auch die beidseitige Verpflichtung nicht, dementsprechend werden die meisten Männer sich in solch einem Fall für unverantwortlich erklären und die Frau verlassen. Abgesehen davon, haben Männer einen Jagdinstinkt und Frauen haben sich demütig zu hüten, da sie die Gejagten und keine Jäger sind, wie es dem Manne üblich ist.

MUTTER   Es ist nicht nur das, sondern weitaus mehr! Ihr dürft euch oberkörperfrei zeigen, die Frauen aber nicht. Nippel sind Nippel – ist das etwa auch keine Doppelmoral?

ONKEL   Ist es nicht. Die Brüste der Frau haben einen Reizwert und dienen auch den Frauen als vorteilhafte Eigenschaften. Weshalb lässt eine Frau sich die Brüste vergrößern, wenn doch die Frauenbrust sich nicht von dem eines Mannes unterscheidet? – Damit sie eben reizvoller und begehrlicher wird! Wenn Frauen ihre Brüste dem Manne gleichzählen, so verlieren sie doch nur an Eigenwert, oder etwa nicht? Dein Geschlecht ist es doch, das sich der Brüste als Waffen bemächtigt. Auf der einen Seite wollt ihr „freie Sexualität" und auf der anderen Seite wollt ihr die „Entsexualisierung des Körpers" – ist das kein Widerspruch? Männerbrüste haben keine Funktionalität und haben unter dem gleichen Geschlecht auch kaum Unterschiede vorzuweisen. Die tierischen Begierden werden bei Männerbrüsten nicht entfacht, doch beim Anblick der Frauenbrüste kann der Mann gereizt werden. Aber was anderes: Ist die Hausfrauenrolle eine Abwertung für das weibliche Geschlecht?

GROSSJÄHRIGKEIT

MUTTER   Zweifelsfrei. Die Hausfrau ist der Knecht im Hause.

ONKEL   Und was ist mit Hausmännern?

MUTTER   Das geht in Ordnung. Wir leben schließlich nicht mehr in den 50ern.

ONKEL   Ist die Hausmannrolle keine Abwertung?

MUTTER   Keineswegs.

ONKEL   Wenn eine Frau eine Hausfrau ist und sogar sich freiwillig dazu entscheidet, dann wird sie von der Mehrheit der Frauen verspottet und verachtet, von wegen, sie sei selbsterniedrigend oder unfrei... Wenn aber ein Mann die Rolle des Hausmanns verkörpert, dann wird keine Frau dem etwas entgegensetzen. So frage ich: Warum ist die Hausfrauenrolle eine Abwertung für alle Frauen, jedoch die Hausmannrolle keine Abwertung für die Männer?

MUTTER   Die heutigen Männer machen es freiwillig.

ONKEL   Ihr setzt die Männer unter Druck und Drohung, aber nun gut, nennen wir es „freiwillig". Das Patriarchat war die Obrigkeit des Mannes und die Untertänigkeit der Frau, so wie ihr es beschreibt; die zeitmäßige Obrigkeit der Frau und die Untertänigkeit des Mannes – ist dies nicht als Rollenwechsel zu verstehen? Genau das ist das Problem mit euch Feministen: Ihr wollt nur die Oberhand, um Gleichberechtigung geht es euch nicht, ansonsten würdet ihr die Rolle des Hausmanns ablehnen, da ihr um die Abschaffung der Hausfrauenrolle bemüht ward! Die Hausmannrolle ist soweit passend für euch; ihr versteht dies als Rache und Zeugnis der

GROßJÄHRIGKEIT

Überlegenheit, deshalb sprecht ihr euch nicht gegen diese Rolle aus. Das nennt man Doppelmoral – im wahrsten Sinne des Wortes.

MUTTER Das kommt dir nur so vor. Das hat nichts mit Doppelmoral zu tun. Und auch wenn es so wäre: Jahrtausende lang waren wir die Hausfrauen, nun könnt ihr diese Rolle übernehmen.

ONKEL „Jahrtausende lang" – gut getroffen! Jahrtausende lang waren die Männer die Obrigen, unumstritten die Denker und Lenker in allen Instanzen, und die Emanzipation ist Neuland, die sich noch nicht einmal bewährt hat – und auch nicht beständig sein kann, schließlich ist die Emanzipation an mannigfache Bedingungen gebunden, die nicht durch sich selbst bestandhält, und etwas, das nicht durch sich selbst besteht, kann niemals von Dauer sein. Emanzipation ist gestützt und die Männer sind diese Stützen, indem sie sich entrechten lassen und selbst als Stütze dienen. Wenn die Männer selbstorientiert sind, so wie es alle Feministen sind, dann wird die Emanzipationsstütze aufgehoben sein und nur der Manneswille, dem sich die Frauen unweigerlich beugen müssen, als unabwendbare Sitte setzen. Die ausgewählten Männer, die du in deinem Leben hattest, meinen Bruder mitgerechnet, waren allesamt schwächlicher Natur. Solch einen Mann der natürlichen Ausprägung, wie ich es bin, hättest du niemals befehligen können. Im direkten Verhältnis, Bertha: Wer würde dominieren, du mich oder ich dich?

MUTTER Sexist! Macho! Rückständiger...

ONKEL Antworte mir: Würdest du mich im direkten Verhältnis unterordnen oder ich dich?

MUTTER Frauenfeind! Incel! Nazi!

GROSSJÄHRIGKEIT

ONKEL　　　　　　　　　Ich bin verheiratet und kann weder ein Frauenfeind noch ein Incel sein. Das letztere kannst du dir sparen. Billige Stigmata, die nur die Person angreifen. Nur Kleingeister werden persönlich.

MUTTER　　　　　　　　Du bist doch selbst persönlich geworden, also bist du der Kleingeist hier!

ONKEL　　　　　　　　　Eben nicht. Die Gesetze des weiblichen Geschlechts gelten für alle Frauen, und die Gesetze des männlichen Geschlechts gelten für alle Männer, da eben der Wesenscharakter für jeden einzelnen seiner Gattung spricht. Die Frau ist nur die Subordination des Frauengeschlechts, Männer, die Subordination des Mannesgeschlechts. Ich bin dazu fähig, alle Frauen im direkten Verhältnis unterzuordnen, demnach ist jeder Mann dazu fähig, seine eigene Frau unterzuordnen. Verstehst du? In dem Möglichkeitsbeispiel des direkten Verhältnisses geht es nicht um deine Persönlichkeit, sondern um deine Wesenheit und deine Naturanlagen, die die Herrschaftsverhältnisse prädizieren und unterscheiden.

GROSSMUTTER　　　　　Eure Diskussion ist wirklich amüsant, doch wir sollten auch die Schweigsamen zu Worte kommen lassen. Laura, was hältst du von dieser Unterhaltung?

LAURA　　　　　　　　　Oma, ich muss mir nur Michel anschauen und alle Worte von Tante Bertha sind für mich nichtig.

GROSSMUTTER　　　　　Scharfsinnig, meine Liebe.

LAURA　　　　　　　　　Sie spricht von Frauenfeindlichkeit und solchen Sachen, doch mein Vater ist gut zu uns; mehr noch: Ich kenne viele Mädchen aus meiner Klasse, die in jungen Jahren Beziehungen eingingen, und ehrlich gesagt, war ich oft neidisch auf sie, doch irgendwann sah ich, dass diese Mädchen Liebeskummer litten,

GROSSJÄHRIGKEIT

betrogen oder ausgenutzt wurden, und ich durfte oft das Trostkissen spielen. Je öfter ich solch verletzte Mädchen sah, desto eher verstand ich meinen Vater. Ich habe mich immer von Jungs distanziert, da meine Eltern richtungsweisend und streng waren. Wenn mein Vater ein Frauenfeind wäre, so müsste er mich und meine Mutter, sogar dich, Oma, als Feind betrachten. Für mich ist das Schwachsinn.

GROßMUTTER   Was hältst du von dem Dialog zwischen deiner Mutter und deinem Onkel, Maike?

MAIKE   Ich gebe meiner Mutter recht.

GROßMUTTER   Und weshalb gibst du ihr recht?

MAIKE   Ich denke, dass wir als Frauen den Männern keine Macht über uns verleihen sollten. Wir müssen entscheiden, was gut oder schlecht für uns ist.

GROßMUTTER   Haben dich deine Entscheidungen glücklich gemacht bisher?

MAIKE   Nicht immer, aber oft.

GROßMUTTER   Was war die beste und die schlechteste Entscheidung, die du je getroffen hast?

MAIKE   Die beste Entscheidung war, dass ich eine Abtreibung vorgenommen habe, und die schlechteste, dass ich eine Abtreibung vorgenommen habe. Klingt widersprüchlich, ich weiß; aber, um es genauer zu erläutern: Ich habe gemischte Gefühle. Ernstlich wollte ich nie ein Kind, doch manchmal grüble ich nach, wie es wohl gewesen wäre, Mutter zu sein.

GROßMUTTER   Nichts auf der Welt macht einen glücklicher, als selbst Kinder zu haben. Kinder sind fleischgewordenes Glück. Sie leben und beleben, sie lenken und werden gelenkt, sie

GROßJÄHRIGKEIT

verändern sich und verändern ihre Eltern. Kinder sind dauerhaftes Glück.

Anschließend spricht die Großmutter in den Raum.

GROßMUTTER   Ich werde euch nun Fragen stellen, antwortet aufrichtig und in kurzen Sätzen. Ich beginne mit dir, Bernd. Danach soll jeder nach der Reihe antworten. Was ist für dich das Wichtigste im Leben?

VATER   Meine Kinder.

ONKEL   Meine Familie.

LAURA   Meine Eltern.

MAIKE   Meine Hunde.

MICHEL   Meine Identität.

MUTTER   Feminismus.

GROßMUTTER   Was heißt Familie?

VATER   Lebenssinn.

ONKEL   Verantwortung. Unterbau von Staat und Gesellschaft, Kulturquelle und Einigkeitsschmiede.

LAURA   Selbstverständlichkeit.

MAIKE   Bringt nur Last und Schmerzen.

MICHEL   Druck und Unfreiheit.

GROSSJÄHRIGKEIT

MUTTER   Nur ein Konzept, um die Frauen unterdrücken zu können.

GROSSMUTTER   Was bedeutet dir Gott?

VATER   Ein moralischer Wegweiser.

ONKEL   Der allmächtige Schöpfer, der Künstler der Natur, die Ursache aller Wirkungen und der Seelen-Erschaffer.

LAURA   Mein Begleiter in Glück und Not.

MAIKE   Brauch ich nicht.

MICHEL   Wenn es einen Gott gibt, warum dann all das Elend auf dieser Erde?

MUTTER   Die Kirche ist das größte Übel auf dieser Welt: Alle Kriege sind Religionskriege und die müssen abgeschafft werden. Das Frauenelend haben wir der Religion zu verdanken – seht doch: Die Religion ist weg und alle Menschen sind frei!

GROSSMUTTER   Was heißt Vaterland?

VATER   Patriotismus ja, Nationalismus nein.

ONKEL   Das Fundament der Würde und Eintracht, ohne dessen wir Frieden, Reichtum, Kultur, Sitte, Geschichte, Gegenwart, Zukunft, Einigkeit, Selbstbestimmung usw. nicht erhalten könnten. Das Ideale ist aber nur in den Köpfen haftend: Lauft durch die entfremdeten deutschen Straßen und ihr werdet sehen, dass sich das Vaterland, und alles, was dieses ausmacht, dem Untergang geweiht ist. Toleranz ist immer einseitig und führt zwangsläufig zur Selbstauflösung.

GROSSJÄHRIGKEIT

LAURA   Das Erbe unserer Ahnen und unsere
Identifikation.

MAIKE   Alle Menschen sind willkommen, jeder
darf mitmachen.

MICHEL   Für mich heißt das Einordung und
Fremdbestimmung.

MUTTER   Nur die Gegenwart und die Zukunft
zählen. Wir bestimmen, wie sie gestaltet werden. Außerdem ist es
sexistisch nur von „Vater" zu sprechen. Warum werden Frauen ausgeschlossen?

GROßMUTTER   Was heißt Kultur?

VATER   Man muss mit der Zeit gehen.

ONKEL   Kultur heißt Besonderheit, Identitäts-
norm und traditionelle Lebensweise. Das Schaffen und Erbe unserer
Vorfahren; ein Richtwert, dessen Erhalt bewährt ist und das Band
zwischen unsrer Generation und der Vergangenen und Kommenden
ist. Allein die Sprache ist das fundamentale Kulturmerkmal schlecht-
hin, und so wie wir die Sprache nicht von selbst lernen, also die
Grundlage aller sozialen Tätigkeit, und auf dessen Anlernung angewiesen sind, so ist die Kultur das Beleben der Sitten, und was noch
wichtiger ist, das Wiederfinden der Zugehörigkeit; in Notzeiten ist
die Kultur der Strang, an dem alle ziehen, um die Erhebung und Erhaltung ermöglichen zu können. Der Mensch ist eine Kategorie, ge-
bündelt kategorisieren sie sich zu Völkerschaften und seine überge-
ordnete Ganzheit wird als Kultur verstanden. Bedauerlicherweise
wird die Primär-Kultur nicht als solches beherzigt, da sie eben als
Verkörperung von klein auf einverleibt wurde und dies Teil des
selbstverständlichen Selbstideals ist; ergo ist der Wert der Kultur

GROSSJÄHRIGKEIT

den meisten Menschen nicht bewusst, obwohl sie identitätsbestimmend ist. Kultur ist die ernstliche, geistige und tätige Wiederholung des Volkes.

LAURA   Kultur bedeutet für mich, dass ich mich in anderen wiedererkenne. Kultur bestimmt meine Zugehörigkeit und meine Wurzeln, zu denen unmittelbar meine Eltern gehören.

MAIKE   Kultur heißt für mich Musik machen und anderer Kreativität nachgehen.

MICHEL   Kultur muss progressiv sein. Wir bestimmen – und jeder für sich, was Kultur ist. Kultur darf die individuellen Interessen nicht aufheben.

MUTTER   Kultur wurde dogmatisiert und strukturell angewendet, wodurch die Menschen geknechtet wurden. Ich sage: Selbstbestimmung und freie Entfaltung, statt überalterte Werte. Eine Kultur, die soziale Klassen schafft, kann nicht als allgemeingültig begriffen werden.

GROSSMUTTER   Was heißt Ehre?

VATER   Ich wünschte, ich wüsste, was das wäre – es hätte mein Leben deutlich vereinfacht und mir viel Leid erspart, muss ich jetzt feststellen… Früher war es einfach nur ein überholtes Ideal, heute betrachte ich sie mit anderen Augen.

ONKEL   Ehre heißt Prinzip, Beständigkeit, Wiedererkennungswert, Unbiegsamkeit, Einfluss, Ansehen, Stärke, Tugend, Aufrichtigkeit, Pflichtbewusstsein, Uneigennützigkeit, Beschützerinstinkt… Wer die Ehre ablehnt, lehnt die höchste Gradation ab; die Ablehnung der Ehre ist das Einfinden in die Perversion, Schande und Schwächlichkeit.

GROSSJÄHRIGKEIT

LAURA Ein Mann mit Ehre wird seine Grenzen kennen, stark und beschützend sein. Er wird die Lüge meiden und schlechte Neigungen abweisen.

MAIKE Ehrenmord, hihi.

MICHEL Überholtes Ideal, sexistischer Ausrichtung.

MUTTER Erfindung des Patriarchats. Frauen wurden an die Ehre des Mannes gebunden und dadurch mundtot gemacht. Alles hatte der Vater, Bruder oder Ehemann zu bestimmen, und die Ehre hatten sie als Vorwand. Wir sehen, dass die Ehre im heutigen Deutschland keine Rolle spielt – kommt und seht: Es geht auch ohne!

GROßMUTTER Was heißt Meinungsfreiheit?

VATER Gleiches Recht für alle.

ONKEL Eine formelle Lüge, um das Volk zu blenden und ruhig zu halten. Wir wissen alle, dass auch wenn die formelle Meinungsfreiheit allen gleichberechtigt zusteht, doch die Inhalte der Meinung inkonsequent und von ungleichen Qualitätsstärken sind. Was den Sittenverfall herbeiführt, muss unterbunden, zensiert und bestraft werden. In Preußen war das völlig normal, und wir wissen, dass die Preußen wirkungsmächtig und einig waren. Wo wären wir nur ohne Bismarck?

LAURA Respekt sollte der Meinungsfreiheit vorausgehen. Ansonsten ist es eine humanistische Bereicherung.

MAIKE Meinungsfreiheit ist ein Naturrecht.

MICHEL Ja, ein Naturrecht, genauso wie das Selbstbestimmungsrecht.

GROßJÄHRIGKEIT

MUTTER   Meinungsfreiheit schließt Sexismus, Misogynie, Rassismus, Faschismus, Homophobie, Transphobie usw. aus.

GROßMUTTER   Die letzte Frage: Was bedeutet Erbe?

VATER   Ein Recht, das jedem zukommen sollte. Dem Erben fällt die Verantwortung über das Vererbte zu, ob es materiell oder ideell ist.

ONKEL   Erbe heißt ideeller und materieller Wert: Den wahren Wert einer Sache wird immer nur der Schaffende verstehen, die Erben hingegen sehen immer nur den Sachwert am Geerbten. Das größte Erbe machen Kultur und Familienwerte aus, denn sie sind es, die die Persönlichkeit und die Stärken bilden und fördern. Kulturerbe ist der Alltag und der Alltag macht den Menschen aus, nicht die besonderen Momente – auch wenn viele glauben, dass die besonderen Momente das Selbstbild seien.

LAURA   Ich schließe mich meinem Vater an. Eine gute Erziehung und vernunftgerechte Handlung sind das Werk des Erblassers. Die Kultur wird ohne Verlust und ohne Mühe weitergegeben, sofern das Pflichtgefühl dazu vorhanden und nicht durch Verderbnis abhandengekommen ist. Geld und Reichtum kann jeder Dieb und Betrüger haben.

MAIKE   Jeder sollte sein eigenes Erbe schaffen, somit ist man Herr über den Besitz und reflektiert sein Schaffen darin, anstatt nur etwas geschenkt zu bekommen und dies dann zu verschwenden.

MICHEL   Ein Erbe ist ein Recht, denke ich. Wenn ich erbe, so muss ich dies gleichtun; wenn ich aber nichts erbe, so habe ich vielleicht das Recht, meine Erben zu entrechten, doch der

GROSSJÄHRIGKEIT

richtige Weg ist das Erbe unabhängig von Eigensinnigkeit und Egoismus zu verwalten.

MUTTER　　　　　　　Erbe heißt an das Wohl seiner Kinder zu denken. Es ist die Pflicht, die uns Erwachsenen auferlegt ist, unseren Nachkommen, denen wir Glück verdanken, auch nach unserem Tod Glück bescheren zu können.

Nach einem kurzen Augenblick der Ruhe wendet die Großmutter sich an die Erben.

GROSSMUTTER　　　　　　Ich freue mich, sagen zu dürfen, dass wir diesen Tag ohne große Zankerei zu seinem Ende bringen konnten. Eure Antworten haben mich gutgestimmt, und es gab wiederum welche, die mir nicht sonderlich geschmeckt haben. Jedem seine Meinung. Seht, wenn der gemeinsame Zweck gegeben ist, dann findet man zu Einigkeit und Respekt – auch wenn es erzwungen ist; und genau das, meine Kinder, ist die Familie: Nicht das Erbe sollte die Einigkeit wiederherstellen, sondern die Familie selbst. Zu meiner Zeit war die Familie eine Selbstverständlichkeit, genauso die Ehe, und für uns gab es keine Zuflucht oder Alternativmöglichkeiten, wie es ironischerweise den heutigen Wohlstandskindern nachgeschmissen wird. Wir wussten, was es heißt, zu kämpfen und standzuhalten, maßzuhalten und zu vergeben, zu hoffen und dankbar zu sein, zu lernen und zu akzeptieren, zu beschützen und zu fordern, die Wahrheit auszusprechen – auch wenn sie verletzte; den Nächsten die Wahrheit zu verwehren, ist vielleicht eine milde und wohlbedachte Entscheidung, jedoch ist die belebte Lüge eine Last, die mit der Lüge zusammenmarschiert. Ihr akzeptiert die Hirngespinste

GROSSJÄHRIGKEIT

und naturwidrigen Geschlechterdefinitionen eurer Kinder und verleitet sie durch eure falsche Moral zur Abartigkeit – nicht einmal seinen Feinden würde man solches antun, wie also könnt ihr eure eigenen Kinder zur soliden Verzweiflung mitbegleiten? – Seid ihr nicht die Verursacher der Abnorm? – Und um eure Fehlerziehung revidieren zu können, bejaht ihr die Perversion durch die falsche Toleranz und einem Schuldbewusstsein, das vor eurer Zeit liegt. Wir haben die Spuren des Krieges am Leibe erfahren und die Nazizeit haben wir allesamt verurteilt, doch dabei haben wir unsere Vernunft nicht suspendiert. Ihr seid es, die Vernunft und Natur einer Moral und dem Herzurteil willen aufgeben. Wir haben den Krieg noch weiterhin gespürt und wir haben die Spuren beseitigt, doch eure Zeit tut so, als würde die Kriegslast auf ihren Schulten liegen – für viele ist das nur ein opportunistischer Grund, um allmögliche Perversionen gesellschaftsfähig zu machen; ein verschleierter Zweck! – Weshalb sonst ist gerade in Deutschland die Perversionsrate am höchsten; weshalb sonst Millionen von Abwegigen auf Märschen, und sogar Berlin wurde zur LGBT-Stadt erklärt!
Die Folgegenerationen werden eure Missetaten ausmerzen, seid euch dessen sicher. Eure Begierden und Leidenschaften haben euch voneinander getrennt, obwohl ihr alle nur nach dem Glück eures Lebens strebt, dessen Erlangung ihr zwar unterschiedlich definiert, das Glück aber ist der Gemeinzweck; doch das Glück sucht jeder allein für sich, obwohl Glück selten nur durch einen selbst entspringen kann: Glück ist an andere Menschen gebunden, und die größte Gebundenheit ist die Familie. Meine Kinder, ich bin alt und lange Zeit war ich einsam; als mein Mann starb verspürte ich die wahre Einsamkeit, und auch meine eigenen Kinder und Enkel konnten mir die Einsamkeit nicht nehmen – ich nehme es niemandem Übel, meine Kinder, schließlich ist das Alter für die Jugendlichen allzu lästig. Als mein Mann verstarb, wusste ich, dass nur er mein Lebensbegleiter auf dieser Erde war; weder Tiere, Reisen, Besuche, noch anderweitige Aktivitäten, konnten mir die Einsamkeit nehmen. Wenn ich

GROSSJÄHRIGKEIT

abends im Bett liege, dann verspüre ich die Einsamkeit; wenn mir die alten Erinnerungen hochkommen und ich diese mit niemand so teilen kann, dass er mich versteht, dann weiß ich, dass ich einsam bin. Und ihr, meine unbekümmerten und von der Jugend geblendeten Kinder, werdet einsehen, dass die trügerischen Zeiten der Kraft und Energie nicht auf ewig sind, und dass die Schönheit verwelkt, das Interesse verblasst – genau dann werdet ihr Reue empfinden und an die Menschen in eurer Vergangenheit denken, die euch ihre Treue und Zukunft schenkten, wo doch ihr sie eurer minderen Neigungen willen ablehntet. Wenn der Körper zerbrechlich und schwach und ihr keine Schulter zum Anlehnen habt, dann werdet ihr einsehen, dass alles umsonst war – all die Sinnenfreuden, Urlaube, Karrieren und wechselnden Beziehungen; dann nämlich, werdet ihr nach Festigkeit suchen, und die Jugend, die ihr mit euren Erfahrungen und Belehrungen belästigt, wird euch gleichsam abweisen.

Die Umstände sind es, die sich auf das Bewusstsein einwirken, und manch einer muss eben auf die Schnauze fallen, damit er lernen kann. Die eigenen Eltern haben eine Pflicht zu erfüllen, welche mit der Selbstständigkeit und Sittlichkeit der Kinder endet – sobald die Kinder verheiratet und ausgezogen sind, löst sich das Band allmählich zu den Kindern; ferner noch: 20 Jahre eigene Eltern, 20 eigene Kinder, und für den Rest des Lebens heißt es Einsamkeit oder Ehepartner. Deshalb muss der Partner die wichtigste Person im Leben sein. Was glaubt ihr, weshalb zu meiner Zeit die abgeschlossenen Ehen bis an das Lebensende hielten? – Wir waren nicht fragil und dürftig. Als wir Kinder waren, war die Familie für uns primär: Feiertage, Wochenenden, Sonntage, Ausflüge – all das machten wir gemeinsam. Schaut euch eure Kinder an: Mit 12 Jahren schon werden sie entjungfert, trinken in diesem Alter Alkohol, nehmen Drogen... Ihr seid schuld an allem, ihr, die euch Eltern nennt.

Über die Jahrtausende haben die Menschen alle Umstände des Lebens überstanden und fanden Wege der Überlegenheit – eure Generation erfindet Pseudolehren zum alltäglichen Leben, doch wie

GROßJÄHRIGKEIT

hat man das Leben nur gelebt, ohne diese ganzen Pseudowissenschaften, an die ihr euch so bindet? Eure Generation kann einem leidtun.

Mein Mann und ich, wir hatten eine gottberufene Pflicht, unsere Kinder mit allen nötigen Mitteln vernunftgerecht, tugendhaft und sittlich zu erziehen, damit auch sie Staat, Gesellschaft und Kultur bilden, folglich unsere Taten der Nachkommenschaft bestmögliche Verhältnisse sichern können. All das entsteht nur innerhalb der Familie. Die heutigen verblendeten, lasterhaften und unersättlichen Emanzen und ihre depravierten Hausmänner bewundern die langlebigen und soliden Ehejahre unserer Generation, und doch lehnen sie alle das Patriarchat ab: Sie bewundern die Wirkungen des Patriarchats und gleichzeitig bekämpfen sie dieses – wenn dies keine Dummheit ist, was dann?

Aus euren Antworten konnte ich Differenzen, aber auch Analogien heraushören. Es ist eben die Prägung: Kinder sind die Reflexion ihrer Eltern. Bertha hat ihre Kinder beeinflusst, Thomas und Astrid haben ihre Laura beeinflusst. Die Antipode in den Erziehungswirkungen ist kaum zu übersehen. Wenn Bernd bei seinen Kindern geblieben wäre, so hätte der väterliche Einfluss sie mit voller Gewissheit innerbestimmt, soweit, dass heute Michel und Maike andere Antworten von sich geben würden. Der Mensch ist ein Individuum, zweifelsfrei, doch er ist es nur in der Mittelphase des Lebens: Als Kind ist er abhängig von den Eltern und im Alter ist er abhängig von anderen – ein Individuum reflektiert Freiheit und Unabhängigkeit, kindliche und alte Menschen sind nicht unabhängig.

Die Pflicht der Eltern ist es, die Individualisierung vernunft- und naturgerecht zu gestalten, damit sie nicht verderben und Grund zur Verderbnis anderer, womöglich ihrer eigenen Kinder, werden. Wenn wir unsere Kinder erziehen, so müssen wir an ihre Zukunft und an ihr Wohl denken, und bedenket, dass nur die Tugend und Natürlichkeit Glück fortbestehenlassen können, während Maßlosigkeit und Unnatürlichkeit unweigerlich zur Lasterfolgerung werden.

GROSSJÄHRIGKEIT

Du, Bertha, erziehst deine Kinder nicht nach Verstand und ihretwillen, sondern du erziehst sie, damit du dich an deiner eigenen Familie und den eigenen Mängeln aus deiner Vergangenheit rächen kannst; du formst deine Kinder nicht nach dir selbst, sondern nach anderen, verstorbenen oder vergessenen Menschen; du belebst die Vergangenen in deinem Kopf, indem du sie idealisierst, dämonisierst und sie als Rechtfertigung für deine Methoden vorgibst – und es gibt Menschen, die ihrem Nachbarn oder Verwandten trotzen wollen, ihre Kinder als Trophäe des Selbstgeschicks und Eigenverdiensts nutzen, nur um ihre Eitelkeit befriedigen zu können.

Was in Gottes Namen hast du nur mit diesen Kindern gemacht... Hunde als Kinderersatz? – Wer sich das Tier gleichstellt ist entmenschlicht, selbst ein Tier und nicht des Vernunftdenkens vermögend. Was als Zusatz gilt, kann nicht als Wesenheit umgewertet werden. Ein Haustier ergänzt die Familie, bringt Freude ins Haus und sozialisiert die Kinder, bringt ihnen Pflicht- und Mitgefühl bei. Doch wenn der Köter als Kind ersetzt wird, dann zeugt das nur von der Abhängigkeit des Besitzers, der sich der dissozialen Mängel nicht entledigen kann und die Zuflucht in der Abhängigkeit vom Tier findet. Ein Tier ist weder Kind noch bester Freund: Ein Tier ist nur ein Mittel zum Zweck, auf welche Art und Weise auch immer, doch Fakt ist, dass das Verhältnis von Tier zu Mensch immer nur zweckgebunden ist. Die Familie aber ist eine Selbstverständlichkeit und Naturbestimmung. Wie kann man nur ein Instinktwesen mit einem Vernunftwesen gleichstellen? – Die Antinomie spricht doch für sich; menschliche Verhältnisse kann man nicht auf Tiere übertragen. Und dass du sagst, dass die Religion für Kriege verantwortlich sei, Bertha: Hast du kein Geschichtswissen? – Bist du so verblendet, dass du nicht einmal einsehen kannst, dass die größten Kriege der Weltgeschichte, nämlich der erste und zweite Weltkrieg, keinen Bezug zur Religion hatten? – Die kommenden Kriege werden nicht die Religion als Grund vorweisen, sondern schlicht und ergreifend die menschliche Natur, da sie von Grund auf selbstorientiert und egoistisch ist.

GROßJÄHRIGKEIT

Der unbändige Selbsterhaltungstrieb führt zur Ausschweifung.
Bernd, mein schwächlicher Sohn... An dir habe ich mitgewirkt und
somit trage auch ich einen Teil an Verantwortung; ich hätte nicht
ahnen können, dass du nachgiebig werden würdest. Ich dachte, dein
Vater wäre dir Vorbild genug und ich müsste dir keine Manneserziehung zukommen lassen. Ich hatte dich sehr gern und war sehr an-
hänglich; du musst verstehen, dass es schwierig für eine Mutter ist,
sich von ihrem Erstgeborenen zu distanzieren.
Dein Vater war im Krieg, wie du weißt, und während seiner Abwesenheit, als du in der Pubertät warst, hattest du ihn am nötigsten,
doch das Schicksal meinte es nicht gut mit dir. Dein Bruder hatte
deinen Vater bei sich und deshalb ist er ihm nah und gleich gewesen.
Ich kann euch nichts mehr mitgeben, denn ihr habt euch in euren
Vorurteilen und im Selbstideal gefestigt. Das Urteilen fällt natürlich
immer leichter als das Selbstbewegen, schließlich ist der Mensch ein
Sünder und fehlbar. Michel, mein armer Michel: Dir hat man das
größte Leid angetan... Du siehst die Welt mit anderen Augen; eine
Welt, die nur in deinem Kopf existiert. Der Mensch besteht aus Geist
und Körper und er hat die Pflicht, beide Bestimmungen zu vereinen,
soweit, dass sie als Synthese gelten. Doch du und deinesgleichen ha-
ben die Kontrolle über das Selbst verloren.
Ich weiß, dass du für all das nichts kannst. Es ist eben das falsche
Bewusstsein, das dir als Kind auferlegt wurde. Feminismus kann die
Frau nicht erheben, ohne dass sich unbedachte Nebenwirkungen
hervortun: Der Mann wird abgeschwächt, seiner Natur beraubt, der
Frau werden falsche Eigenschaften zugesprochen – die durch die
Lüge berichtigt werden; und damit das feministische Ideal aufrechterhalten werden kann, müssen sie sich an die Jungen hermachen,
denn die Feministen fürchten nicht die Jungen, sondern die Männer,
zu denen sie werden. Meiner Laura will ich nichts als Lob entgegenbringen. Bleib mäßig und durchdacht, lass dich niemals ausnutzen
oder erniedrigen. Eine Frau von Sittlichkeit und Familientreue ist im-

GROSSJÄHRIGKEIT

mer mehr wert als eine niederträchtige Frau, die ihr Leben der Sinneslust hergibt. Der Qualität jagen die Menschen nach und Qualität ist nicht immer ersichtlich. Hinter der Fassade verbirgt sich der wahre Wert; doch Tugend ist die totale Selbstbestimmung, ohne dass äußere Dinge einem Leid und Abhängigkeit bringen könnten. Mein Sohn, Thomas: Du bist deines Vaters Ebenbild: Stark, männlich, gerecht, ehrlich, vernünftig und wertebewusst. Für deinesgleichen ist diese Zeit nicht gemacht; doch merke: Du sollst dich niemals verstellen und aufgeben, selbst wenn du benachteiligt, verschmäht oder abgelehnt wirst – willst du so sein, wie jene, die du verachtest? – Ihre Zeit und ihre Gedankenwelt ist nicht von Dauer. Das, was sie heute als „Proud" bezeichnen, haben sie gestern noch verteufelt. Wankelmütig ist das gemeine Volk.

Maike, finde einen gescheiten Mann, senk deine ausmaßvollen Ansprüche und sei Herr über deine Neigungen. – Nur das kann ich dir in deinem Fall mitgeben: Du musst in deine Tiefe blicken und dir Selbstreflexion auftragen, das geht nur durch das Erklimmen der Vorstufenetappen von Selbstkritik und Selbsterkenntnis. Das Erbe werde ich nicht gleichmäßig unter euch aufteilen, auch wenn ihr die Wahrheit ausgesprochen und die Regeln befolgt habt. Ein Mensch, der nicht an die Zukunft denkt und nur in der Gegenwart mit seinen Begierden und Interessen hängengeblieben ist, wird seine Lasterhaftigkeit unbedacht und unbemerkt fortführen. Das Geld, das ich euch hinterlasse, wird Michel zur Auslebung seiner Krankheit dienen; Maike wird es zu mehr Drogen verführen; Bertha ist für diese fehlgeleiteten Kinder verantwortlich – und dies ist an sich schon unverzeihlich; das Erbe schwindet schneller als die Spuren der Verderbnis. Bernd wird mein begründetes Urteil hintergehen und das Erbe an seine Kinder verlieren, da er es gewohnt ist, die Hilfskasse zu sein. Thomas und seiner zukunftsgerechten Familie will ich 9/10 des Erbes hinterlassen, das Übrige wird unter dem Rest aufgeteilt.

GROßJÄHRIGKEIT

MUTTER (rasend)   Das lasse ich nicht auf mir sitzen, alte Frau! Ich werde das Recht meiner Kinder einklagen. Deine vermoderten Weltbilder zählen nicht mehr, und die starken Männer von einst gibt es nicht mehr. Du und dein Gott sollt aus dieser Welt verschwinden! Deine Liebe zum Patriarchat und deine homophoben Ansichten zeugen von Unmenschlichkeit! Du...

Der Onkel läuft auf die Mutter zu, packt sie kräftig am Arm und verhindert weitere Respektlosigkeiten. Die Mutter kreischt und fleht um Hilfe, doch keiner der Männer bewegt sich: Nur Maike springt auf und versucht den Onkel zu hindern, doch der Onkel ist unbeeindruckt und lässt nicht von der Mutter ab. Auf den Knien schreit sie und beschimpft den Onkel. Den Vater und Michel bittet sie um Hilfe, doch sie sehen tatenlos zu. Als der Onkel fester anpackt und sie einsieht, dass ihr niemand hilft, bettelt sie weinend um ihre Freilassung. Der Onkel schmeißt sie aus dem Haus.

ONKEL   Die einstigen Männer aus ihrem früheren Leben haben es nicht einmal erwägt, ihr zu helfen. Ihr weibischer und selbstsüchtiger Sohn ist zu schwach, um sie zu befreien; ihr einstiger Ehemann, den sie über die Jahre hinweg entrechtet und entwürdigt hat, ist sicherlich durch den Anblick von ihrem Leiden und Flehen ergötzt; und auch die Bemühungen ihrer Tochter sind vergeblich und unwirksam gewesen. Eine schwache Frau, die sich nicht einmal selbst helfen kann, hat die Männer im Kreise verweiblicht und abgeschwächt – die einzigen, die ihr Schutz und Sicherheit bieten konnten. Und alle Frauen, die ihre Männer abschwächen, schwächen zugleich die Gesellschaft und den Staat ab – und somit sich selbst. Die Mannesausprägungsgrenze ist ein Vermögen und ein

GROßJÄHRIGKEIT

Naturrecht, worüber das schwächere Geschlecht nicht zu bestimmen hat. Die Armen haben nicht über die Reichen zu urteilen, die Schwachen nicht über die Starken, die Ungebildeten nicht über die Gebildeten. Die Tüchtigkeit wird immer Neider und Feinde hervorbringen.

Nachwort

Der Mensch ist von der Vergangenheit motiviert und auf die Zukunft gerichtet. Das annehmlich-Erfahrene wird konserviert und als Gewohnheit fortbelebt, wiederum werden die schlechten Erinnerungen gemieden oder sogar bekämpft. Das Bewusstsein bedarf der Orientierung. Zweifelsfrei ist auch die dauerhafte Bekämpfung der negativen Erlebnisse eine Last, die der Zukunft auferlegt wird, jedoch die Wirkbarkeit nicht auf die eigenen Umstände vorgegeben sein muss – es sind eben festgesetzte Erlebnisse, die in gedanklichen Prozessen durch Ängste wiederbelebt und auf das Bevorstehende projiziert werden, ganz gleich, ob der Übertrag des einstig-Erfahrenen Sinn ergibt oder nicht.

Die meisten Menschen agieren intuitiv, mangelnd an Selbsterkenntnis; anstatt sich zu fragen, was der rechte Weg ist, sind erheblich viele Menschen um die Altlastenaufhebung bemüht, das heißt, dass sie genau das Gegenteil von dem negativ-Erlebten machen. Vor allem, wenn es um die Erziehung ihrer Kinder geht, wird das Motiv nicht individuell-bezüglich nach dem Kind, den gegenwärtigen Zeitbestimmungen oder Umständen gerichtet, sondern nur nach den Erlebnissen aus der eigenen Kindheit oder Vergangenheit, die aber im Grunde nur Vergangenheitsbestimmungen sind und das Kind affizieren, obwohl dieses nichts mit den Vergangenheitsbestimmungen zu tun hat; die Folgen können fatal für das Kind oder die Kinder sein. Indem man aber auf das Erstreben bestimmter Resultate fixiert ist, wird man auf unbedachte Einflüsse nicht aufmerksam genug sein, sodass vielleicht das bestrebte Ziel erreicht ist, nämlich die Vermeidung bestimmter Missstände, die man aus der eigenen Vergangenheit kennt, jedoch der unbedacht erzeugte Missstand gravierender als die vorbedachten Mängelerscheinungen ist. Intensivwirkungen bringen oftmals unvorhergesehene Nebenwirkungen mit sich. Ratsam und förderlich ist es, Menschen nach ihrem Selbst und ihrer Eigenheit zu beurteilen, anstatt direkte Motive aus dem Erlebten auf sie zu übertragen.

Ein Kind, dessen Männlichkeitsausprägung verhindert wird – was könnte denn aus ihm werden? – Es ist eindeutig einzusehen, dass aus ihm eine verweichlichte und schwächliche Kreatur entstehen wird. Der Nutzen, der von dieser schwächlichen Kreatur ausgeht, ist vielleicht für die Frauen annehmlich, nicht aber für den schwächlichen Mann, zudem er wird. Als würde man um jeden Preis die Fettleibigkeit vermeiden wollen, und ehe man sich versieht, ist man dem magersüchtig-ähnlichen Zustand verfallen. Oder die Feministen, die sich nicht in das Wunschbild der Männer oder dem Frauenbild anpassen wollen – sie rasieren ihre Köpfe kahl, lassen ihre Körperbehaarung wachsen, waschen sich nicht, sprechen fluchend, provozieren unnötig die Männer: In alledem machen sie nur das Gegenteil von dem, was die Vorgabe für die Weiblichkeit ist; dass sie aber dabei vereinzelt an Wert verlieren, eben durch die Selbstmarterung, ist für sie nicht ersichtlich, schließlich sind sie „im Kampf gegen das Böse und Schlechte" gefangen, soweit, dass sie nicht einmal ihre eigene missliche Lage als solches wahrnehmen können.

Ich würde niemals auf die Idee kommen, mich selbst zu martern, nur um dem Feminismus die Stirn zu bieten; ich sehe es vor, ganz und gar ich selbst zu sein und nicht trotzend das Gegenteil von dem zu machen, was andere für mich vorsehen. Ich würde auch meine Töchter nicht opfern, indem ich sie zu Sklaven fremder Männer erziehe, nur damit ich mich an den Feministen rächen kann! – Ich würde in allererster Linie meinen Töchtern – und damit verbunden, mir – schaden. Pure Dummheit. Das Gegenteil, oder die Gegenpositionierung, ist auch nur ein Zweck, indem man sich selbstisch auflöst. Es gibt immer vernunftbewährtere Mittel und Wege, als sich töricht zu verhalten oder schamlos zu werden; und auch die Kritik muss vernunftgerecht sein, nicht aber, indem man das Selbst autonomisch entgegenstellt und dem Possenspiel hergibt (entzieht den Autonomen den staatlichen Schutz und sie werden von selbst begierig staatskonform sein). Beseht die Feministen: Einige unter ihnen stellen sich selbstgefällig und nackt auf die Straßen oder stürmen besondere Galas, um Aufmerksamkeit für ihre feministischen Träumereien zu erheischen – ist das würdevoll? – Mit Nichten. Sollte ich mich nackt ausziehen und öffentlich meine Geschlechtsorgane demonstrieren, nur um die Feministen zu provozieren? – Ich würde meine Person und meine Verwandten in Verruf bringen, den Feministen würde ich nicht schaden. Wer solch selbstentfremdende Abartigkeiten nötig hat, seine Weltbilder durch Niederhaftigkeit zu rechtfertigen versucht, hat wohlgemerkt eine geistige Schwäche und keinen Selbstwert; diese letztgenannten Gründe sind auch im Ganzen die Ursachen der wahnbehafteten Weltbilder – und Feminismus ist das Werk der Irregeleiteten; nun, im 21. Jahrhundert, allen voran in Deutschland, haben die Irren das Irrenhaus übernommen. Ideale können blind machen.

Was ist, wenn ein Mann betrogen wird: Sollte er dasselbe Motiv bei allen künftigen Frauen erwarten, sich entsprechend verhalten? – Sollte dieser einst betrogene Mann in all seinen künftigen Beziehungen vorkehrend, kontrollierend, zwingend, misstrauend sein? Ist dies kein Unrecht an den Unbeteiligten, nur, weil die Vergangenheitserlebnisse belastend sind? Das ist ein innewohnendes und anhaftendes Problem, wodurch ein Einzelner mehrere Unbeteiligte zu Unrecht affiziert, doch ist das Ausüben von Macht sättigend, vor allem bei eitlen Naturen, die Gründe brauchen, um ihre Eitelkeit rechtfertigen zu können.

Ängste und Machtwille zusammengenommen, führen zur Uneinsichtigkeit – mit den Folgen müssen die Belasteten leben. Ich habe reichlich Menschen kennengelernt, die ihre schlechten Erlebnisse nicht vergessen konnten – und auch nicht wollten, denn für sie galten die schlechten Erlebnisse als Nährboden für ihre eigenen schlechten Taten, wodurch sie sich stets als die eigentlichen Opfer darstellten. Über mehrere Jahrzehnte werden die eigenen Eltern, Partner, Vorgesetzte, Freunde usw., die man gleichfalls seit Jahrzehnten nicht vor Augen hatte, beschuldigt. Selbst das direkte Konfrontieren mit den verantwortungslosen Taten wird durch die Starrsinnigen abgewiesen. Die Beschaffenheit der Gedanken entscheidet über Wohlergehen oder Schmerzempfinden; was die einen gleichgültig betrachten, ist den anderen eine unabweisbare Last. Die Opfer dieser ewig-belasteten Menschen sind immer die Gutmütigsten, Schwächsten und Wehrlosesten. Anders als beim ersten Teil des Michels, verzichte ich in diesem Werk auf die Gendersprache und werde diese Geistlosigkeit, die nur ein Akt des Willenszwangs durch Feministen und Abnormitäten ist, auch künftig nicht mehr anwenden; denn wer die Gendersprache bereitwillig anwendet, ist bereits buckelnd, entartet und wertgemindert. Die weibische Emanzipation ist ein männergestütztes Ideal und die Verweiblichung der Jungen dient nur dem Zweck der Emanzipationsgewährleistung – jedoch auf Kosten des natürlichen Mannesrechts. Der Mann des 21. Jahrhunderts ist der unterdrückte Herrscher im Lande.

* 9 7 9 8 8 4 4 5 7 5 0 8 2 *